Wilhelm Heymann

Das l der indogermanischen Sprachen gehört der

indogermanischen Grundsprache an

Wilhelm Heymann

Das l der indogermanischen Sprachen gehört der indogermanischen Grundsprache an

ISBN/EAN: 9783743361225

Hergestellt in Europa, USA, Kanada, Australien, Japan

Cover: Foto ©Suzi / pixelio.de

Manufactured and distributed by brebook publishing software
(www.brebook.com)

Wilhelm Heymann

Das I der indogermanischen Sprachen gehört der indogermanischen Grundsprache an

Das *l* der indogermanischen Sprachen

gehört der

indogermanischen Grundsprache

an.

Eine sprachgeschichtliche Untersuchung

von

Wilhelm Heymann

Dr. phil.

Göttingen,

Rente'sche Buchhandlung.

(A. Breithaupt.)

1873.

Herrn

Professor Dr. Benfey

gewidmet.

Dass die Frage nach den Verwandtschaftsverhältnissen der indogermanischen Sprachen immer noch eine offene ist, beweisen nicht nur die verschiedenen Ansichten vom Stammbaum der Indogermanen [1]), sondern auch die Möglichkeit von Angriffen gegen die Idee des Stammbaums überhaupt, wie sie neuerdings Johannes Schmidt versucht hat. Erst eine Reihe von Einzeluntersuchungen über diejenigen sprachlichen Eigenthümlichkeiten, in welchen sich einzelne Sprachen und Sprachgruppen besonders nahe zu berühren scheinen, wird zur Wiedergewinnung der wie es scheint im Augenblick verlornen Basis zu einer Entscheidung führen.

So ist denn auch schon lange erkannt worden, dass ein sehr wichtiges Moment zur Entscheidung über die Zusammengehörigkeit der einzelnen Gruppen unseres Sprachstammes die übereinstimmende oder abweichende Wahl einer der beiden liquidae *l* und *r* in Wörtern des gemeinsamen indoeuropäischen Sprachschatzes bildet. Lottner [2]) hebt die Uebereinstimmung der Europäer in der Wahl des *l* gegenüber dem *r* der Asiaten hervor, um daraus, wie aus andern Beobachtungen den Schluss auf das nach der ersten Sprachtrennung vorauszusetzende Beisammensein der Europäer als Gesammtnation zu ziehen. Zugleich stellt er die Vermuthung auf, dass die indogermanische Grundsprache das *l* gar nicht besessen habe, eine Ansicht, worin er mit Schleicher [3]) u. A. übereinstimmt. Noch entschiedener betont jenen Gegensatz der Arier und Europäer Fick in der Bemerkung, [4]) dass sich die nähere

---

[1]) Wesentlich verschiedene Uebersichten z. B. bei Schleicher Compendium (2. Aufl.) p. 7 ff Fick Vergl. Wtb. p. 1051. [2]) Kuhns Zeitschrift 7, 19. [3]) Schleicher Compend. § 115 vgl. 128. [4]) Kuhns Zs. 20, 353.

Verwandtschaft der europäischen Sprachen gegenüber den Ariern nirgends deutlicher zeige, als in der gemeinsamen Entwicklung des *l*, das der indogermanischen Ursprache, ja selbst der gemeinsam arischen Periode durchaus abzusprechen sei. Fick widerruft mit dem letztern Theile seiner Behauptung das, was der erste Theil seines vergleichenden Wörterbuches anschaulich zu machen versucht, dass nämlich in einer Reihe von Fällen, wo das Sanskrit mit den europäischen Sprachen in Bezug auf das *l* übereinstimmt, dieses für die Grundsprache anzusetzen sei, wie er auch bereits in den ergänzenden Bemerkungen zu seinem Wörterbuche[1]) sämmtliche Wurzeln mit *l,* die er anfangs der indogermanischen Periode zuerkannt hatte, auf solche mit *r* zurückzuführen versucht. [2])

Nur sehr schwerwiegende Gründe können uns berechtigen, das nicht auf allzu schwachen Füssen stehende übereinstimmende Zeugniss des Sanskrit und der europäischen Sprachen so völlig umzustossen, ein Verfahren, das in dieser Schärfe völlig vereinzelt dasteht, da wir sonst nie Anstand nehmen, das den Asiaten und Europäern Gemeinsame der Grundsprache zuzuerkennen, selbst wenn, wie mir scheint, die Evidenz, dass ein lautlicher Vorgang in räumlich weit von einander getrennten Sprachen sich wirklich erst n a c h i h r e r S o n d e r u n g entwickelt habe, grösser ist als beim *l.* So wagen bekanntlich Manche immer noch nicht die stummen Aspiraten der Grundsprache abzusprechen,[3]) obgleich nur wenige Beispiele für ihre so frühe Existenz sprechen und zudem die Aspiration ein so leicht eintretender und in den indogermanischen Sprachen so verbreiteter Vorgang ist, dass

---

[1]) p. 940 ff. [2]) Inzwischen ist nach Abschluss dieser Untersuchung die inhaltreiche Schrift Ficks „Die ehemalige Spracheinheit der Indogermanen Europas" erschienen, worin die erwähnte Ansicht weiter ausgeführt und begründet ist. Bei der grossen Ueberzeugungskraft der Gründe Ficks für eine europäische Spracheinheit scheint es mir um so gerechtfertigter, die in der folgenden Untersuchung vertretene abweichende Ansicht in Bezug auf das Alter des l noch immer entschieden zu betonen, zumal da durch sie das von Fick gewonnene R e s u l t a t durchaus nicht beeinträchtigt werden dürfte. [3]) Vergl. Grassmann Zs. 12, 109, Curtius Griech. Etym. p. 84.

wir die harten Aspiraten recht wohl als nach der Trennung in den Einzelsprachen entstanden denken können. [1]

Es ist aber nur e i n scheinbar sehr schwerwiegendes Bedenken, das besonders Fick gegen das grundsprachliche *l* geltend gemacht hat, nämlich der Mangel des *l* im Altbaktrischen und Altpersischen. Soll diesem Einwande überhaupt beizukommen sein, so muss er bestimmter formulirt werden. Dass eine Sprache eine Abneigung gegen gewisse Laute, die in einem früheren Zustande ihr wie andern eigenthümlich waren, in einer spätern Periode geltend machen und demgemäss jene Laute verlieren kann, hat Analogien genug, hier genügt wohl das eine Beispiel, dass das Slavische und Litauische die alten Aspiraten gänzlich eingebüsst haben, [2] wozu besonders noch das Altbaktrische verglichen werden kann, das die grundsprachlichen Aspiraten durch nicht aspirirte Laute ersetzt und erst, nachdem diese als ursprünglichster Zustand dieser Sprache anzusehende und mit der Verschmähung des *l* zu vergleichende Lautneigung gewirkt hatte, selbstständig eine neue Aspiration eintreten lässt, die auf diesem Wege dann oft wieder mit der davon zu trennenden grundsprachlichen zusammentrifft. Dass das Altbaktrische [3] kein *l* hat, spricht nicht gegen die Existenz des grundsprachlichen *l,* die Vertheidigung des letzteren wird erst dann erschwert, wenn geradezu die Gleichung aufgestellt wäre: grundsprachlich *l* = altbaktrisch *r* und die Forderung gestellt würde, den damit angenommenen Uebergang von *l* in *r* zu erweisen. Einigermassen auffallend — ist aber jene Gleichung wohl kaum irgendwo mit voller Schärfe ausgesprochen worden, und dafür muss sich wohl ein Grund finden lassen. Justi sagt [4] „auch das in den Handschriften verlorne *l* wird durch *r* ausgedrückt, nur ist schwer zu sagen, wo *l* gestanden hat,“ Schleicher [5] übergeht diesen Punkt mit den Worten „*l* ist (im Altbaktrischen) neben *r* **noch** nicht vorhanden“, Fick betont ebenfalls nur jenen Mangel, seine Zusammenstellungen, welche als po-

---

[1] Vergl. auch unten p. 6 über die Unursprünglichkeit der tönenden Aspir. [2] Schleicher Comp. § 175. [3] Das Altpersische muss ich vorläufig unberücksichtigt lassen, vgl. darüber am Schlusse. [4] Handbuch der Zendsprache p. 362 § 58. [5] Comp. § 132.

1*

sitiver Einwand ausgelegt werden könnten, sind weiter unten
zu prüfen, und zugleich ist zu ermitteln, warum die Gegner
des grundsprachlichen *l* nicht allzuweit über die Constatirung
der Thatsache, dass das Altbaktrische kein *l* besitzt, hinaus-
gegangen sind.

Es hat aber auf der andern Seite nicht an Stimmen ge-
fehlt, welche das *l* der Grundsprache zuerkannten. Benfey[1])
hat, soviel ich übersehen kann, keine Zweifel an jener frühen
Existenz desselben ausgesprochen, sondern behauptet nur die
Identität desselben mit *r*, Curtius[2]) glaubt, dass das *l* der
Periode vor der Sprachtrennung nicht gänzlich abgesprochen
werden kann und weist[3]) auf eine Reihe bemerkenswerther
Uebereinstimmungen der verwandten Sprachen hin, Bugge
aber hat noch in allerneuester Zeit in den hübschen etymo-
logischen Untersuchungen, in denen beiläufig der so oft als
unerhört verschriene Uebergang von *n* in *l* wieder vertheidigt
wird, dem grundsprachlichen *l* sogar schon bedenklich grosse
Selbstständigkeit eingeräumt, indem er *la ala, na ana* als
get r e n n t e Suffixe schon in der Grundsprache existiren
lässt.[4])

Bei diesem Schwanken der Meinungen und bei dem be-
deutenden Gewinn, den die Sprachwissenschaft aus der vorzugsweise von Fick vertretenen Ansicht ziehen würde, falls
sie sich als richtig erwiese, erscheint es gewiss wünschens-
werth, dass jetzt einmal auf Grund eines möglichst reichen Ma-
terials die Frage nach dem Alter des *l* geprüft werde. Lässt
es sich irgendwie wahrscheinlich machen, dass die verschiedenen
lautlich und begrifflich entsprechenden Wörter mit *l* im Sanskrit und den europäischen Sprachen erst nach der Trennung
ihre jüngere Gestalt erhalten haben, ja lässt sich diesen
Uebereinstimmungen auf asiatischer und europäischer Seite
auch nur als ein gewichtiges ihr Zeugniss entkräftendes Moment überall der Widerspruch des Altbaktrischen entgegen-
setzen, so wird das Verhältniss des *l* und *r* auf asiatischem
und europäischem Boden allerdings in hohem Grade beweisend
werden für die Trennung sämmtlicher Europäer als einheit-

[1]) Griech. W. L. 2, 2, Note, vgl. Vollst. Gr. § 9, p. 20. [2]) Griech.
Et. p. 85 u. 409. [3]) 500 ff. [4]) Zs. 20, 46.

lichen Volkes von den Ariern; denn das ist ohne Weiteres zuzugeben, und der zweite Theil meiner Arbeit soll es anschaulich zu machen versuchen, dass eine gegen den etwa der
Grundsprache zuzuschreibenden Bestand an *l* weit überwie-
gende Neigung, das *r* in *l* zu wandeln, erst in allen europäischen Sprachen eintritt.

Zu der Aufgabe, überhaupt einleuchtende Entsprechungen
mit *l* auf asiatischer und europäischer Seite zu finden, zu der
Schwierigkeit, den Widerspruch des Altbaktrischen hinwegzu-
räumen, gesellt sich noch ein drittes Bedenken. *r* und *l* sind
bisher durchgehends als identische Laute behandelt worden.[1]
Dass die Identität des *l* mit dem *r* ein Hinderniss an der
Annahme der grundsprachlichen Existenz des ersteren sei,
scheint Fick[2]) anzudeuten, indem er geltend macht, dass sich
sämmtliche mit *l* angesetzte Wurzeln (der indogermanischen
Periode) leicht auf solche mit *r* zurückführen lassen. Es ist
leicht einzusehen, dass dieser Ursprung des *l* kein Hinderniss
für sein Dasein vor der Trennung ist, wenn nicht zugleich
die begriffliche Identität beider liquidae erwiesen wird. Nur
der Umstand könnte Bedenken erregen, dass mit der Annahme eines grundsprachlichen *l* neben der Anerkennung
seiner Zurückführbarkeit auf *r* schon der Grundsprache ein
Lautwandel zugeschrieben wird, für welchen Analogien beizu-
bringen sind. Allein schon jetzt kann ein Unterschied des
Lautbestandes der Grundsprache, wie er kurz vor der Trennung erscheint, von dem ursprünglichen, und damit eine Reihe
von lautlichen Veränderungen nicht mehr geleugnet werden,
und bei schärferer Trennung verschiedener Wurzelformen, wie
sie auch die folgende Untersuchung durchzuführen haben
wird, sind jedenfalls weitere Bestätigungen zu erwarten. Unter Anderem hat bereits Fick die Schwächung[3]) von *a* zu *i*
und *u* wahrscheinlich gemacht, die trotz Schleicher[4]) nicht
ganz zu leugnende Vocaldehnung behandelt[5]), auf den Abfall
von anlautendem *s* vor *k t n p* aufmerksam gemacht[6]), woran

[1]) Curtius versucht an einigen Stellen eine Trennung, vgl. auch
Fick unter europ. *marg malg.* [2]) p. 940. [3]) p. 943 ff. [4]) Comp. § 2
„Die Vocaldehnung müssen wir als etwas Secundäres der Ursprache
absprechen." [5]) 956 ff. [6]) 966.

sich noch die Verstümmelung vollerer Suffixformen wie das
vant zu *van va u* schon in der Grundsprache schliessen
dürfte, wie ja auch die Kürzung von **dakant* 10 das in dem
grundsprachlichen Compositum *dvidakanti* 20 noch vollständig
erscheint, [sskr. *viñçati*, altbaktrisch *vîçaiti*, lakonisch βείχατι,
böot. ϝίχατι, ion. ἐείχοσι = ἐϝειχοσι, lat. *vîginti*[1]); lit. *(deszimt*
=10*)* *dvì-dĕszimt* für *dvìdeszimti*, älter *dvì-dĕszimtis*[2]) mag
neben *got tvai-tigjus* jüngere Bildung sein, sie zeigen doch
das Princip der Bildung[3])] zu *dakan*[4]) 10 als grundsprachlicher Vorgang nicht mehr bezweifelt werden kann. Dass
die Aspiraten dem ursprünglichsten Zustande der Grundsprache fremd gewesen seien, obwohl sie der Periode vor der
Trennung nicht abzusprechen, bemerkt Schleicher[5]). So hat
denn auch die Versetzung des Wandels von *r* zu *l* in die
Grundsprache kein Bedenken.

Was nun die oft erwähnte Identität des *l* mit *r* betrifft,
so ist sie nicht blos in einer grossen Anzahl von wirklich er-
haltenen Fällen zuzugeben, sondern der Entstehung des *l* gemäss als der ursprünglichste[6]) Zustand anzusehen. Ein rein
phonetischer Vorgang wie der Uebergang des *r* in *l*, der,
etwa mit wenigen Ausnahmen im Sanskrit, nicht nach gram-
matischen Regeln, sondern oft durch nachbarliche Einflüsse
bedingt, oft kaum erklärbar eintritt, kann eine Benutzung
zum Ausdruck begrifflicher Modification erst dann zur
Folge haben, wenn durch denselben scharf geschiedene
dem Sprachbewusstsein als solche klar gewordene Formen entstanden sind. Es ist klar, dass in manchen Fällen die pho-
netisch differenzirten Wurzeln neben einander bestehen können,
ohne auch begrifflich geschieden zu werden, eine solche Existenz müssen wir den *l*-Wurzeln ebensogut zugestehen, wie
z. B. den in verschiedenen Gestalten schon in der Grundsprache erscheinenden Suffixen, die aus derselben Grundform
entstanden, auch später keine begrifflich verschiedene Funk-
tionen üben, ich erinnere wieder an die Verstümmelungen

---

[1]) Vgl. Fick 191. [2]) Schleicher Lit Grammatik § 62. [3]) Benfey
Griech. Wurzellex. 2, 213. [4]) Also Abfall des auslautenden t. [5]) Comp.
§ 115. [6]) Benfey Vollst. Sanskritgr. § 9 p. 20.

aus *vant*, an das aus *van* entstandene *vara*[1]) z. B. in *dhîvan*,
geschickt; Fischer, *dhîvara* m. Fischer; *pîvan*, fett, *pîvara*,
dass. u. A. Da sich nun die Entstehung des *l* aus *r* in spätern Perioden, zur Zeit der europäischen Spracheinheit, selbst
in den Einzelsprachen noch oft wiederholt, so ist auch dort
dieselbe Erscheinung, ursprüngliche Identität der Formen mit
r und *l* zu erwarten. Aber je öfter uns gerade die Wurzeln
mit *l* gegenüber denen, welche ein älteres *r* dafür haben, entgegentreten, desto sorgfältiger haben wir die aus beiden gebildeten Wörter zu untersuchen, um zu erfahren, ob hier
wirklich einmal die Sprache blind gewesen ist, ob sie in
Wahrheit das ihr in der reichen Entwicklung des *l* gebotene
Mittel, die durch sie zum Ausdruck zu bringenden Begriffe
bis in die feinsten Nüancen hinein auch durch die Form
wiederzugeben, nicht erkannt hat. So gewiss es richtig ist,
dass das *l* ursprünglich nach seiner Lostrennung vom *r* diesem gleich war, weil es nicht durch einen bewussten Act des
Sprachgeistes und zu bestimmten begrifflichen Zwecken von
jenem getrennt wurde, sowenig wie dies überhaupt der Weg
ist, den die Sprache nimmt, die vielmehr der lautlichen Trennung die begriffliche meist erst folgen lässt, so wenig sind wir
berechtigt, jenen ältesten Zustand auf alle spätern Perioden
zu übertragen und von dieser vorgefassten Meinung aus nicht
nur in den Fällen, in welchen die beiden liquidae augenscheinlich oder nach den bisherigen Ermittlungen nicht begrifflich verschieden benutzt sind, sondern, wo sie überhaupt
nur auf eine gemeinsame Wurzel zurückführbar scheinen, sie
als identisch zu behandeln. Auch der in manchen Sprachen
blos nach Gesetzen des Wohllauts eintretende Wechsel zwischen *l* und *r* ändert nichts an dem Verhältniss der beiden
Laute. Wie das *l* ursprünglich auf rein phonetischem Wege
entstand, so kann es auch später einmal an die Stelle des *r*
treten, umgekehrt aber auch in dieses übergehen, je nachdem

---

[1]) Benfey Vollst. Gr. p. 171 *vara* Nr. 1—4 Bem. Den Gegnern des
Wandels von *n* in *r* muss hier besonders die regelmässige Femininal-
bildung auf *varî* im Sanskrit gegenüber dem Masculinum auf *van* ent-
gegengehalten werden, z. B. *R V* 1, 48, 1 *vibhâvarî* die leuchtende, zu
vibhâvan; vgl. das Petersburger Wörterbuch.

in seiner Umgebung *r* oder *l* erscheint. Gewöhnlich wird
eben des Wohlklangs wegen in solchen Fällen nur ei ne Form
Geltung erlangen; finden sich Formen mit *r* und *l* neben
einander, so dürften sie nicht zu gleicher Zeit, sondern wohl
nur nach einander im Gebrauch sein und können deshalb
nicht die Identität von *r* und *l* beweisen. Uebrigens sind
solche Beispiele äusserst spärlich, von den bei Christ[1]) angeführten passt genau nur eins hierher -κεφαλαργία Kopfschmerz
für älteres κεφαλαλγία, [2]) aus dem Lateinischen Parilia für
Palilia (von Pales), Palatuar neben Palatualis[3]), caeruleus von
caelum,[4]) alle mit Verwandlung des *l* in *r*, um die Wiederholung des ersteren zu vermeiden. Dagegen können natürlich die nach denselben Wohllautsgesetzen in einigen Sprachen
antretenden Suffixe mit *r* und *l*[5]) hier nicht mehr beweisend
für die Identität der beiden Laute sein, als die in gleicher
Bedeutung fungirenden, lautlich dagegen verschiedenen Suffixe
überhaupt für die Identität der Laute, aus denen sie bestehen.
Ich kann deshalb mit Curtius nicht übereinstimmen, wenn
er *l* und *r* für eine spätere Periode als fast gleichbedeutend
erklärt ;[6]) denn dann müsste das *l*, je länger es existirt, um

---

[1]) Griech. Lautlehre p. 124. [2]) Vgl. auch λείριον *lilium*, das aber
nach Benfey G. W. L. 2, 137 entlehnt ist aus pers. *lâleh* Lilie und
einige Bildungen, die bei Leo Meyer Vgl. Gram. 1, 279 aufgezählt, bei
denen es aber nicht ganz deutlich ist, ob das -αργία nicht etymologisch
verschieden von αλγία ist, da z. B. γλωσσαργία auch Maulfaulheit heissen
soll. [3]) Corssen Krit Beitr. 381.
[4]) Corssen Krit Nachtr. 231. Damit ist die Ansicht von Curtius 85,
der den Uebergang von *l* in *r* für eine frühere Periode bezweifelt, sowie von Fick 1053, der ihn gänzlich leugnet, im Princip widerlegt.
Für den wirklichen Uebergang von *l* in *r*, wenn auch erst in jüngern
Perioden der Sprache, vergleiche man die Beispiele *it rossignuolo* =
lusciniolus franz. *apôtre = apostolus* Curtius p 409, ferner mhd. *kumber*
wohl aus roman. *combre* und dieses aus lat. *cumulus* (Benecke zu Iwein
2838), weiter wieder, um Wiederholung des *l* zu vermeiden, ahd.
pleruzzin adolerent für *pleluzzin* Bopp. vgl. Gr. 2, 475, ags *leort* für *leolt*
Heyne Gr. der altgerm. Dialecte p 199, (dagegen hochd. *armbrust* aus
arcobalista ohne jene Wohllautsrücksicht), wozu man noch die neu-
englische Aussprache des Wortes *colonel* vergleiche. [5]) Zahlreiche Beispiele bei Corssen Krit. Beiträge 328 ff L. Meyer 1, 278/9, wo auch die
griech. Endungen -ωρη-ωλη in τερπωλή Vergnügen, θαλπωρή Erwärmung,
ἐλπωρή Hoffnung, notirt siud, vgl. auch 2, 575. [6]) Gr. Et. 409.

so weniger klar dem Sprachbewusstsein als von *r* verschiedener Laut entgegentreten, während es doch der Natur der
Sache nach und, wie die unten folgenden Uebersichten zeigen
dürften, gerade umgekehrt ist. Dass übrigens die etymologi-
schen Uebersichten bis jetzt nicht den Eindruck einer begrifflichen Verschiedenheit der beiden liquidae hervorgebracht
haben, kann nicht auffallen, da die Zusammenstellungen aus
der ganzen Menge der Belege immer nur eine Auswahl geben,
und zwar meist ohne Trennung der Wörter mit *r* und *l*, wodurch das Verhältniss der beiden Laute völlig dunkel bleiben
muss.

Im Folgenden soll nun aus dem bis jetzt als Gemeingut
der Arier und Europäer erkannten sprachlichen Material das-
jenige, welches für eine grundsprachliche Existenz des *l* zu
sprechen scheint, hervorgehoben, dazu in jedem einzelnen
Falle der Uebereinstimmung des Altindischen mit den europäischen Sprachen das Entsprechende aus dem Altbaktrichen
herangezogen werden, um die in ihrer Allgemeinheit gar
nichts bedeutende Behauptung von dem angeblichen Widerspruch des Zend gegen ein gemeinsames Vorgehen des Sanskrit und der europäischen Sprachen in der Entwicklung des
l einer Prüfung zu unterziehen; endlich aber soll eine stetige
strenge Trennung der Formen mit *l* von denen mit *r* eine
ziemlich weitgreifende begriffliche Scheidung beider Laute zu
veranschaulichen suchen.

Sollte es mir nicht gelingen, auch nur für einige Beispiele eine schon in der indogermanischen Grundsprache be-
ginnende und durch alle die Sprachen, aus welchen Belege
zu geben sind, durchgeführte scharfe l a u t l i c h e und be-
g r i f f l i c h e Trennung des *l* vom *r* zu erweisen, jenes sich
also in der That als eine vollständig nach Belieben überall
an die Stelle seines ältern Vorgängers tretende und darum
völlig müssige Nebenform ausweisen, dann muss seine Entwicklung in die Zeit nach der ersten Sprachtrennung fallen,
die Uebereinstimmung der Asiaten und Europäer in einer
Reihe von Fällen Zufall, die Uebereinstimmung fast aller
europäischen Sprachen in der lautlichen und begrifflichen

Sonderung des *l* vom *r*, [1]) die bei allen Europäern übereinstimmend hervortretende blos lautliche Differenzirung des
l von dem (grundsprachlichen und) arischen *r* ein characteristi-
sches Merkmal der europäischen Sprachen sein, das sie eben
so sehr unter einander verbindet, als es sie von den Ariern
trennnt.
Die vorzuführenden Uebereinstimmungen würden natur-
gemäss in die auf suffixales und auf wurzelhaftes *l* bezüglichen
zu trennen sein. Allein bis auf einige schlagend identische
Wörter verwandter Sprachen und mit einer wesentlichen
Ausnahme kann auf Uebereinstimmung im Suffix nicht allzu-
viel Gewicht gelegt werden, da sie, einmal als selbstständige
stammbildende Elemente im Gebrauch, auch noch innerhalb
der Einzelsprachen angetreten sein können. Indessen mögen
die bemerkenswertheren hier genannt werden, ihre Anzahl
lässt sich noch vermehren, wenn man Alles aufnimmt, was
auch auf europäischer Seite nur durch eine oder wenige
Sprachen bezeugt ist.

1) sskr. *kap-âla* m. n. Scherbe, Schädel,
   gr. *κεφαλή* (mit *â* in Compositis, wie Benfey [2]) bemerkt).
   ags. *heafola hafela*.
2) *gav-ala*, Büffel von *go PW.*, also „rindartig."
   gr. *βού-β-αλος*, rindartiges Thier, später Büffel.
   lat. *bû-b-ulus* (rindartig) zum Rinde gehörig.
3) sskr. *nâbh-îla*, Nabel.
   gr. *ὀμφ-αλός* m.
   lat. *umb-il-îcus.*
   ags. *nafela* an *nafli* ahd. *nabalo napalo* m. Nabel.
4) *pâla* von *pâ*, schützen, hüten.
   sskr. *açva-pâ-la*, Pferdeknecht.
   gr. *ἱππο-πόλος.*
   lat. *û-pil-ion-* für *ovi-pilion.* [3])
   sskr. *avi-pâla*, Schafhirt.
   gr. *αἰπόλος* für *αἰγπολος.*
   lat. *Pales*, Hirtengöttin. [3])

[1]) Siehe den zweiten Theil der Arbeit und jetzt auch Fick Die ehemalige Spracheinheit u. s. w. p. 201 ff. [2]) G. W. L. 2, 324. [3]) Corssen
Beitr. 152.

5) sskr. *piṅg-ala*, braun; subst. Name verschiedener Thiere,
z. B. Schlange.

gr. πίγγ-αλος· σαῦρος ὁ καλούμενος χαλκίς [1])

was auf die Benennung nach der Farbe hindeutet. Ich glaube
das Wort der Grundsprache zuschreiben zu dürfen, weil der
Bedeutungsfortschritt von der Bezeichnung der braunen Farbe
zu der brauner Thiere im Sanskrit und Griechischen derselbe
ist, und ausserdem neben sskr. *piṅgala* noch *piñjara* „goldfarbig"
existirt. Letzteres kann wegen des *j* nicht grundsprachlich sein,
beide gehen aber wie das Griechische sicher auf eine grundsprachliche Form *pingara* zurück, aus welcher sich die im sskr. und
griech. in gleicher Bedeutung bewahrte Form *pingala* diffe-
renzirte, während *pingara* im sskr. in *piñjara* mit etwas verschiedener Bedeutung umgewandelt wurde.

6) sskr. *pçç-ala*, künstlich verziert, bunt.

gr. ποικ-ίλος vgl. ahd. *fêh.*

7) sskr. *stha-lā* f. Ort, Stelle, *stha-la* n.

gr. στάλη· ταμεῖον κτηνῶν.

lat. *st-lo-cus, locus.*

ags. *stall, steall (Heyne stül)*, Stelle, Stall, an, *stallr,*
Erhebung, Stall.

ahd. *stal,* mhd. *stal* m. Stelle, Ort n. Gestell, Stütze.

8) sskr. *dhûlî, dhûli* f. Staub, *dhûlikâ* f. Nebel.

lat. *fu-l-îgin-* Russ.

lit. *du-l-ke-s* f. pl. Staub.[2])

sskr. *açva-la,* Eigenname, als Appellativum „Kämpfer
zu Ross"? *(P.W.)*

gr. Ἵππαλος [3])

wo der übereinstimmende Gebrauch als Eigenname im sskr.
und griech. bedeutsam ist.

Wenn aus der Uebereinstimmung obiger Wörter weiter
nichts zu folgern ist, als die grundsprachliche Existenz von
l Suffixen überhaupt, so stellt sich die Sache ganz anders, wenn
es sich erweisen lässt, dass gewisse Suffixe dieser Art im
Altindischen ebenso wie in Europa benutzt werden, um dieselben

---

[1]) Hesych kl. Ausgabe p. 1241. [2]) Vgl. Fick p. 104. [3]) Dieses wie
die vorhergehenden Beispiele sind auch bei Fick verzeichnet, wo sie
sich leicht finden lassen.

begrifflichen Kategorien auszudrücken. Selbst wenn man geneigt
wäre, zuzugeben, dass die lautliche Umwandlung des *r* in *l*
in denselben Formen unabhängig auf asiatischem und
europäischem Sprachboden vor sich gegangen sein könne, so
hiesse es dem Glauben mehr als billig zumuthen, dass diese
neugeschaffenen Formen, in unserem Falle also bestimmte
l Suffixe, vor allen andern sprachlichen Mitteln erst nach der
Sprachtrennung, dass heisst auf europäischer Seite schon zur
Zeit der europäischen Spracheinheit, im Sanskrit, das ja noch
lange mit den eranischen Sprachen verbunden blieb, viel später
übereinstimmend gewählt sein sollten, uralten äusserst beliebten
Begriffen, ich meine nämlich die *deminutiva,* Ausdruck zu
geben. Wir müssen vielmehr hier, wie wir es sonst thun,
aus der Uebereinstimmung auf beiden Seiten den Schluss auf
die uralte grundsprachliche Verwendung der *l* Suffixe als
Deminutivbezeichnungen machen. Folgender Gebrauch findet
sich im Sanskrit: Statt des secundären *ka* (das als Deminutiv-
suffix ebenfalls uralt sein muss) in der Bedeutung *III* bei
Ausdruck von Mitleid (z. B. *putraka* armer Sohn, Söhnchen)
und *IV* bei Mitleid verbunden mit Beruhigung *cet.* tritt an
mehr als zweisilbige Menschennamen auch *ila* (hinter Themen
auf *u* und *r* nur *la*). Dabei wird von Compositionen das eine
Glied eingebüsst, also *Devila, Dattila* beide „*Hypokoristika*
von *Devadatta*" (*P. W.*). So wird *Upila* für alle mit *upa*
anfangenden Eigennamen (da Alles vom zweiten Vocal an
eingebüsst wird) gesagt. [1]) (*P. W.*) Ueberall entwickelt
sich aus der Bedeutung des Kleinseins die des Verächtlichseins
(vgl. das Lateinische, z. B. *Graeculus),* sie fehlt auch nicht
im Sanskrit. Während ferner das Suffix *mat* „damit versehen" bedeutend hinter gewissen Wörtern durch andere
Suffixe ohne Bedeutungsmodification ersetzt werden kann, tritt
an *vāc* Rede, das ohne Bedeutungsveränderung *gmin* (muss
wohl *min* heissen) an sich nimmt, also *vāgmin* „mit Rede versehen, beredt", in der Bedeutung „geschwätzig" das Suffix *āla*
(oder *āṭa*) [2]), was ich um so eher dem oben Bemerkten noch
hinzufügen zu dürfen glaube, als sich eine ähnliche Bildung

---

[1]) Benfey Vollst. Gr. § 561. [2]) a. a. O. 564 *VIII.*

im Griechischen zeigt: στοματ- Mund, von *stan* tönen durch
mat abgeleitet [1]), hat neben sich die Bildung στωμύλος [2]),
während nun also die Wurzel *stan* mit Suffix *mat* den Mund
als den tönenden bezeichnet; giebt wie bei *sskr.
vâcâla* das
l Suffix der Bildung στωμύλος die tadelnde Bedeutung geschwätzig. [3]) Vielleicht darf auch noch die Vertretung des *sskr.*
mat durch das oben erwähnte *ila* hinter Namen von Körper-
theilen zur Bezeichnung eines, dem diese verwachsen sind [4])
aus dem obigen Gebrauch erklärt werden. Die Deminutivbildung durch Suffixe mit dem Hauptbestandtheil *l* in den
europäischen Sprachen ist so bekannt, dass sie hier blos angedeutet zu werden braucht. Am ausgedehntesten ist vielleicht
der Gebrauch im Lateinischen, aus dem Leo Meyer Beispiele
in Fülle beibringt [5]), worunter bemerkenswerth z. B. der
Gebrauch bei Comparativen zur Milderung des Ausdrucks wie
meliusculo- sowie die Häufung von Verkleinerungssuffixen sind.
Im Griechischen sind diese Verkleinerungssuffixe weit seltener
und werden durch andere ersetzt. Leo Meyer führt einige
seltene und erst in späterer Zeit auftretende Wörter auf, mit
v vor dem λ δρῖμύλος ein wenig scharf, παχνλός etwas dick
ἡδύλος etwas süss u. s. w., Eigennamen wie ψευδύλος (von
ψευδές- lügenhaft), dann die nochmals mit ιο zusammen-
gesetzten wie εἰδύλλιον Bildchen (von εἶδος) und viele andere. [6])
Auch im Slawischen und Deutschen sind diese Bildungen
ausserordentlich beliebt. Im Litauischen ist von allen Demi-
nutivsuffixen das häufigste männl. -*élis* (bei mehr als zweisilbigen Worten *ělis*), weibl. *élé* bei zweisilbigen Worten, *ělé*
bei mehrsilbigen [7]), aus dem Gotischen mögen hier die Beispiele *magula* Knäblein von *magu-* Knabe, *barnilo* Kindlein,

---

[1]) Fick 211. [2]) Zu der Längung des *o* in diesem Worte, die dem
Einfluss der ursprünglich darauf folgenden Position *nm* zuzuschreiben ist
(*stan-mant*) während in στομαι das *n* einfach ausgefallen ist, vgl. das *sskr.*
stâmán m Mund *A* V 5, 13, 5, das ich einer gütigen Privatmittheilung
des Herrn Professor Dr. Benfey verdanke. [3]) L. Meyer Vgl. Gram.
2, 584. [4]) Vgl. Benfey Vollst. Gr. 563, 3, *c*; leider fehlt das dort verzeich-
nete Beispiel *karnila* im Petersburger Wörterbuch auch im Nachtrag.
[5]) L. Meyer Vgl. Gram. 2, 591 ff. [6]) L. Meyer Vgl. Gram. 2, 591, 592.
[7]) Schleicher Litauische Grammatik. p. 130 § 56.

mavilo Mägdlein[1]) genannt werden. Von einer älteren Verwendung von Suffixen mit *r* in gleichem Sinne, aus welchen sich die genannten Suffixe erst entwickelt hätten, findet sich keine Spur, in den griechischen Suffixen -αριον -υδριον ist doch wohl das verkleinernde Element in ιο zu suchen.[2]) Demnach muss aber schon in der indogermanischen Grundsprache der Gebrauch von Suffixen mit *l* zur Deminutivbildung ein ganz bestimmt fixirter gewesen sein.

Untersuchen wir nun das Verhältniss des Altbaktrischen zu diesen Uebereinstimmungen, so finden wir, dass es nicht den mindesten Einspruch dagegen thut. Was zunächst die oben als grundsprachlich angesetzten Wörter mit *l* im Suffix betrifft, so fehlen zu diesen allen die Entsprechungen, bei denen man *r* voraussetzen würde, im Altbaktrischen, und man darf sie deshalb als fertige Wörter der Grundsprache zuschreiben. Dagegen will ich hier nicht verschweigen, dass die Verwendung der *l* Suffixe in grösserem Massstabe im Sanskrit erst nach der Trennung der Arier vor sich gegangen zu sein scheint; denn sonst müssten sich wenigstens eine Reihe augenscheinlich identischer Wörter im Sanskrit und Altbaktrischen finden, in welchen das Letztere an die Stelle des *l* im Suffix des Sanskritwortes ein *r* gesetzt hätte, ohne dass dabei an einen Uebergang von *l* in *r* gedacht zu werden braucht. Nun glaube ich aber nach genauer Durchsicht sämmtlicher bei Benfey[3]) aufgezählten Beispiele, die durch Primärsuffixe mit *l* gebildet sind und sorgfältiger Vergleichung der von Justi[4]) zusammengestellten Wörter mit primären *r* Suffixen versichern zu können, dass die Sanskritbildungen auf Primärsuffixe mit *l* mit ganz vereinzelten Ausnahmen im Altbaktrischen gar keine Entsprechungen, auch nicht mit *r* neben sich haben. Bei den secundären Bildungen dürfte mir Einiges entgangen sein, ich wage daher hier kein Urtheil. Doch erwähnen auch Bopp[5]) und Schleicher[6]) nicht mehr, als was ich ebenfalls gefunden

---

[1]) L. Meyer. Die Got. Spr. § 288 p. 315. [2]) Vgl. χοράσ-ιο-ν Mägdlein. [3]) Siehe das Verzeichniss der Primärsuffixe Vollst. Gram. 363—425. [4]) Hdbuch d. Zdspr. von § 118 p. 366 an, vgl. Spiegel Altb. Gram. p. 81 ff., wo die Bedeutungen beigefügt sind. [5]) Vgl. Gram. §. 938. 940. [6]) Comp. § 220.

habe, nämlich als Primärbildung *çukla* (schon vedisch, siehe
P. W.) leuchtend, altbaktrisch *çukhra*, altpersisch *Thukhra* (Justi),
woneben aber auch im Sanskrit *çukra* vorkommt, und durch
secundäres *ra* gebildet *çlīla* (so Benfey Glossar z. Chrest.,
während Andere auch *çrīla* haben) altbaktrisch *çrīra* schön.
Unbedingt nothwendig macht aber das Altbaktrische den
Schluss auf die erst später eingetretene Ausdehnung der Anwendung von Suffixen mit *l* nicht; denn es wäre denkbar und
und wird sich vielleicht aus dem Folgenden als noch wahr-
scheinlicher ergeben, dass das Altbaktrische möglicherweise
die alten Bildungen mit *l* nach seiner Trennung vom Sanskrit
ganz aufgegeben und durch andere ersetzt hat. Auch die
durch ihre bestimmte Bedeutung als grundsprachlich gesicher-
ten Deminutivsuffixe mit *l* haben im Altbaktrischen keine
entsprechenden Formen etwa mit *r* neben sich, doch scheinen
diese Ausdrücke überhaupt im Altbaktrischen verloren gegangen zu sein, wenigsens finde ich bei Spiegel nichts Derartiges
verzeichnet, die Beispiele unter *ka* woran man nach Analogie
des Sanskrit am ersten denken könnte, [1]) zeigen nichts von
Deminutivbedeutung.

Ich glaube demnach den Gebrauch von Suffixen mit *l* durch
das übereinstimmende Zeugniss des Sanskrit und der europäischen Sprachen, durch den Nachweis einer bestimmten
begrifflichen Verwendung, die dem *r* nicht zukommt, in den
hypokoristischen Bildungen, sowie durch Beseitigung des Ein-
wandes, das Altbaktrische trete jenen als grundsprachlich hin-
gestellten Bildungen durch Formen mit *r* entgegen, als grundsprachlich erwiesen zu haben.

Indem ich nun zur Behandlung des wurzelhaften *l* gehe,
muss ich noch folgende Bemerkungen vorausschicken. 1) Fick
hat die Möglichkeit betont, sämmtliche Wurzeln mit *l* auf
solche mit *r* zurückzuführen. Mir scheint dies bei dem verhältnissmässig späten Auftreten des *l* erst kurz vor der Sprachtrennung durchaus gerechtfertigt zu sein, weil wir sonst
gezwungen sein würden, *l* in einer Reihe von Fällen als selbst-
ständiges Determinativ schon in der Grundsprache anzusehen,

---

[1]) Spiegel Altb. Gram. p. 89.

was sich mit der späten Entwicklung dieses Lautes nicht
vereinigen lässt. Wo daher eine Berührung der Wurzeln mit
l mit den *r* enthaltenden erweislich scheint, sollen im Folgenden jedesmal die aus beiden entwickelten Formen unmittelbar
neben einander gestellt werden, damit die verschiedenen auf
beiden Seiten in der Bedeutungsentwicklung eingeschlagenen
Wege durch möglichst nahe Vergleichung selbst der bis auf
r und *l* vollständig gleichen Wörter möglichst anschaulich
werde 2) Es kann mir nicht in den Sinn kommen, ein
Schwanken der Bedeutungen der unter den Wurzeln mit *l* verzeichneten Formen nach den Bedeutungen, die den Wörtern
mit *r* zukommen, hin, (das Umgekehrte ist bei weitem seltener),
leugnen zu wollen; aber es ist wohl zu beachten, dass jedes indogermanische *r* auf europäischem Boden zu *l* werden kann,
und wenn daher unter den Formen, welche zu den *l* enthaltenden Wurzeln gehören, auf europäischer Seite solche auftreten, die ihrer Bedeutung nach nicht zu der Wurzel mit
indogermanischem *l,* sondern nur zu der mit *r* stimmen, so
beweisen s i e keineswegs das Ineinanderlaufen der Bedeutungen bei den schon vor der Sprachtrennung bestehenden begrifflich getrennten *l-* und *r*-Wurzeln, sondern die Wörter der
europäischen Sprachen, welche ihrer Bedeutung nach zu den
Wurzeln mit indog. *r* stimmen, sind, selbst wenn sie *l* statt
des indog. *r* aufweisen, als völlig identisch mit jenen die
härtere liquida enthaltenden der indogermanischen Periode
zusammenzustellen. Folgende Gleichungen sind demnach fest-
zuhalten

$$\text{indog. } r = \text{europ. } \begin{cases} r \\ l; \end{cases} \text{indog. } l = \text{europ. } l.$$

3) Die Reihenfolge der anzuführenden Beispiele kann sich
nur nach dem Zwecke, die schon grundsprachliche begriffliche
Trennung von *l* und *r* zu veranschaulichen, richten, ich muss
daher von der alphabetischen Ordnung abweichen, um zuerst
die schlagendsten Beispiele zu geben, und daran die Fälle
weniger scharfer Trennung zu reihen. Die Belege aus dem
Altbaktrischen sollen jedesmal möglichst an's Ende der Uebersichten gerückt werden, damit das Verhältniss dieser Sprache
zu den übrigen deutlicher werde.

1) Deutlich getrennt erscheinen bereits in der indog. Grundsprache 2 Wurzeln *tar* und *tal*. Fick[1]) giebt letzterer die Bedeutungen „schwanken, heben" und sucht in einem *tar*, das noch in *tar-ala* schwankend zitternd, ferner in *tras* zittern, europ. *tram*, dann in *trap* τϱέπω hervortrete, die ursprüngliche Form. Aber untersuchen wir die Bedeutungen der unter *tal*[2]) zusammengestellten Wörter, so ergiebt sich, dass sie sämmtlich nicht aus der Bedeutung „schwanken zittern", sondern aus der Bedeutung „gewachsen sein, gleich sein" zu erklären sind. Das ergiebt sich aus der sskr. Form *tulya* „einer Person oder Sache das Gleichgewicht haltend, gleich" *(P. W.)*, aus griech. *ἀ-τάλ-αντος* gleichwiegend, vergleichbar. Während für die Bedeutung „schwanken zittern" nun noch kein grdspr. *tar* nachgewiesen ist, erhalten wir für die Bedeutung „gleich, gewachsen sein, darum tragen, heben (übertragen: „über sich nehmen"); ferner vergleichen, wägen" die unzweifelhaft zu Grunde liegende Wurzel grdspr. *tar*[3]) deren vollständige Bedeutungsentwicklung bis zur Wurzel *tal* schon das Sanskrit giebt, nämlich „über Etwas hingelangen, übersetzen, an's Ziel gelangen, vollführen, die Oberhand bekommen, überwinden." Stellen wir die Formen beider Wurzeln nun zusammen.

	tar	*tal*
sskr.	*tar-ati* Bedeutung *tir-ati* wie oben,	*tol-ati* aufheben, wägen vergleichen,
gr.	*ἔ-τοϱ-ον* durchbohren τοϱεῖν τέϱ-ετϱον Bohrer, τεϱ-ηδών Bohrwurm, τϱη-τός durchbohrt,	*tulya* einer Person oder Sache das Gleichgewicht haltend, gleich, *tola* sich wiegend schwankend, subst bestimmtes
lat.	*ter-o, ter-ebrum* = *ter-ebra* Bohrer, *tar-mit* f. Bohrwurm,	Gewicht, τάλαντον bestimmtes Gewicht,
ksl.	*trĕ-ti, lit trìn-ti* reiben feilen,	τάλ-αντ tragend duldend, ἀτάλ-αντος gleichwiegend
got.	*thair-ko* Loch Oehr,	vergleichbar,

---

[1]) p. 941. [2]) p. 80 vgl. Curtius 207. [3]) Fick 78 unter *tar* 1, 2, (3.)
Heymann, das *l* d. Indog. Spr.   2

ags. *thir-l* *n* Loch.
got. *thair-h*
ahd. *dur-h*

τόλμα Kühnheit, τλῆ-ναι dulden,

lat. *tollo* hebe auf, *lātus* getragen,

ksl. *tul-ĭ* u. *pharetra,*

got. *thul-an* tragen
thul-ains Geduld.

Die ursprüngliche Indentität von *tar* und *tal* ist eben so evident, wie ihre durchgreifende begriffliche Trennung von der Grundsprache an. Die Bedeutungen „heben wägen vergleichen" kommen nur der Wurzel *tal* zu. Erst nachträglich sehe ich bei Curtius, [1]) dass Sonne schon einen Versuch gemacht haben soll, jene Wurzeln zu identificiren. Da das Citat bei Curtius irrig ist, [2]) so kann ich Sonnes Ansicht hier nicht prüfen. Dass die beiden Wurzeln nicht identisch sind, behaupte ich für eine spätere Periode mit Curtius, aber nicht der Bedeutung wegen, sondern weil *l* nicht = *r* ist; wohl aber hat sich erst eine Wurzel *tal* aus der Wurzel *tar* entwickelt und dann mit ganz bestimmter Bedeutung von jener in der Grundsprache getrennt.

Es bleibt noch das Verhältniss des Altbaktrischen zu vergleichen übrig. Da ergiebt sich folgende höchst auffallende Beobachtung: altbaktrisch *tar* heisst „übergehen, eindringen, überwinden",[3]) vereinigt also in sich die Bedeutungen der sanskritischen und europäischen Formen von *tar:* „eindringen", wie gr. lat. bohren, und „überwinden" wie im sskr. Suchen wir nun die Wurzel *tal* im Altbaktrischen wiederzufinden, so bemühen wir uns vergeblich, *tal* ist im Altbaktrischen, wie die Bedeutung dieser Wurzel zeigt, gar nicht, auch nicht durch *tar* vertreten, und dem grundsprachlichen *tal* in der nur ihm zukommenden Bedeutung „heben tragen wägen" steht nichts im Wege.

Wie mir aber im vorliegenden Falle die gleichmässige Entwicklung einer Wurzel *tal* auf asiatischem wie auf europäischem Boden, verbunden mit der gleichmässigen begrifflichen Differenzirung dieser Wurzel von *tar* auf beiden Seiten, die

---

[1]) 208.   [2]) Zs. 9, 464 steht das Register, nicht Sonnes Untersuchung.
[3]) Justi 132.

grundsprachliche Existenz von *tal* zu beweisen scheint, so
glaube ich auch in einem weiteren Falle, wo der lautlichen
Trennung eine begriffliche nicht zur Seite steht, wie eben,
gewisse Formen mit *l* dennoch der Grundsprache zuschreiben
zu dürfen. Aus der Wurzel *tar* haben sich nämlich, sowohl
in ihrer ursprünglichen Gestalt, als auch von der Form *tal*,
die aber von dem oben besprochenen *tal* als einer schon in
der Grundsprache von *tar* vollkommen getrennten Wurzel
wohl zu unterscheiden ist, bestimmte Wortkategorien gebildet,
die eben, weil sie bei gleicher wurzelhafter liquida in den
verschiedenen Sprachen auch ganz dieselbe Sache bezeichnen,
als grundsprachlich angesehen werden dürfen. Wie also von
tar die grundsprachlichen Bildungen *tarana* zart weich, *tarans*
„durch, quer, hinüber" [1]) abzuleiten sind, so gehören zu dieser
Wurzel auch folgende Bildungen, welche die Bedeutung Fläche,
Grund, Boden haben:

sskr. *tala* m. n. Fläche Boden [2]), auch in Zusammensetzungen
wie *pâni-tala* Handfläche, *pâda-tala* Fussfläche, gr. τηλία
Fläche Brett, lat. *sub-tel* n. Fussfläche (bei Priscian),
tell-ûs Erdfläche Erdboden, ksl. *tlo* n. Grund Boden, *tlja*
f. Grundlage Basis, lit. *tilë (=tilja)* „Brett, das man auf
den Boden eines Kahnes legt", an. *thilja* ahd. *dillâ* ags.
thel st. n. Diele, *benc-thel* getäfelter Raum, wo Bänke
stehen. [3]) (Heyne.)

---

[1]) Fick 78. [2]) Von *tar (tr)* Benfey Glossar z. Chrest. Die Zusammenstellung
bei Fick 80 und 365. In diesem, wie in vielen andern Fällen kann ich
daher unmöglich mit dem übereinstimmen, was Fick in seinem Werke
„Die ehemalige Spracheinheit der Indogermanen Europas" p. 203 bemerkt,
dass in jedem primitiven Sprachzustande alle Ableitungen selbsverständ-
lich sich an die Gestalt des Mutterwortes anschliessen, wenn wie es a.
a. O. geschieht, diese Bemerkung auf den Zustand der Grundsprache
unmittelbar vor der Sprachtrennung angewendet wird; denn in jener
schon hochcultivirten Gestalt der Sprache im Gegensatz zu der frühest
erreichbaren Periode lassen sich schon eine Menge der berührten Ab-
weichungen zwischen Wurzel und verschiedenen Ableitungen constatiren.
Vgl. unten Nr. 32.

[3]) Der oben p. 16 gemachten Vorbemerkung wegen erwähne ich
hier z. B. das griech. τέλος, das nun nicht etwa seines *l* wegen als Beweis gegen die begriffliche Trennung von *tar* und *tal* zu letzterem gehört, sondern trotz seines *l* als völlig identisch mit sskr. *taras* zu *tar*

2) Aus der Wurzel *kar* machen, die soweit ich sehen kann, nirgends *l* entwickelt hat[1]) sind durch das Determinativ *p*, das als causalbildendes Element anzusehen ist,[2]) zwei neue Wurzeln gebildet, lautlich differenzirt als *karp* und *kalp*, jenes wohl nur noch in Nominalbildungen „Körper" bedeutend bewahrt, also nicht wesentlich verschieden von *kar*, wogegen *kalp* die ganz bestimmte Bedeutung „helfen" angenommen hat. Also

karp etwa machen bilden
sskr. *krp f.* nur instr. schönes Aussehen, Schönheit, Schein[3]) (nur aus den Veden belegt),
lat. *corpus*,
ahd. *href ref*,
mhd. *ref* gen. *reffes*,
alts. *rif* ags. *hrif* venter uterus[4])
altb. *kehrp* Leib (ist fem., nom. *kerefs)* Körper Fleisch, *kerefs - qara* fleischfressend.

kalp helfen,
sskr. *klp. (kalp)* in rechter Ordnung sein, gelingen, sich fügen zu Etwas, dienen zu, veranlassen u. s. w.,
sskr. *caus kalpayati* in Ordnung bringen, zubereiten, Jemand zu Etwas verhelfen u. s. w.
kalpa was sich machen lässt, möglich; zu Etwas fähig, m. Art und Weise,
lat. *culpa* Veranlassung, Schuld,
lit. *szèlpiù szelp-ti*, helfen[5])

---

gestellt werden muss. Dagegen gehört wieder τέλος in der Bedeutung Abgabe zu Wurzel *tal*, wie bereits Curtius 208 bemerkt. [1]) Siehe die Zusammenstellungen bei Fick p. 203 unter 3 *skar* und bei Curtius 147. [2]) Vgl. Benfey G. W. L. 2,171, mit dem ich jedoch in der Identificirung. beider Wurzeln nicht übereinstimmen kann. [3]) Dass dies Wort wirklich von *kar* herzuleiten sei, spricht auch Benfey aus. Vgl. Sama-Veda-Glossar, wo folgende Herleitung gegeben wird: Machung, das Gemachte, Form, Körper, schöne Form (wie wir auch sagen Etwas hat Form, d. h. „schöne Form") Glanz. [4]) Dieffenbach Vgl. Wtb. d. got. Spr. giebt noch mancherlei Vergleiche auch aus dem Slavischen und Keltischen (z. B. gdh. *corp* u. s. w. = *corpus*) 2,588/9, über die ich nicht zu entscheiden wage, deren Auslaut aber nicht zu Obigem stimmt. [5]) Wenn es sich bestätigt, dass lit. *sz* stets = sskr. *ç* = grdsp. k,, ssk. *k* in *kalp* als aus *sk*. entstanden aber nur = grdsp. *k* sein kann, das nie = lit. *sz*., wie ich aus dem ersten Theile von Ficks genannter Abhandlung ersehe, so wären die angeführten litauischen Formen zu streichen; aber sie stimmen im Uebrigen so schlagend nach Form und

got. *hilpan* helfen,
ahd. *hilf-a hulf-a* f. Hilfe
   helfan helfen,
ags. alts. *helpan*.

Die begriffliche Trennung der beiden Wurzeln ist deutlich, wenn auch im Sanskrit die Bedeutung helfen erst allmählig hervortritt; aber diese wird durch die Uebereinstimmung der verwandten Sprachen als grundsprachlich gesichert und kommt nur der Wurzel *kalp*, nicht *karp* zu. Aus dem Albaktrischen sind die entsprechenden Formen zu *karp* bereits verzeichnet. Zu der ältern Bedeutung von *kalp*, sich fügen, scheint sich auf den ersten Blick eine Entsprechung zu finden in *karep*, dass von Justi [1]) mit der Bedeutung „sich fügen richtig sein“ angeführt, aber unbelegt ist. Wahrscheinlich ist es nur aus Ableitungen erschlossen (?), und dann gehört es nicht zu *kalp*, sondern zu *karp*, wie Folgendes zeigt. Justi stellt dazu [2]) als part. perf. pass. *kerepta*, übersetzt dies aber [3]) durch „gestaltet gebildet“, *hukerepta* heisst ferner „schön geformt“, [4]) und so leidet es wohl keinen Zweifel, dass das Altbaktrische nur Entsprechungen zu indog. *karp*, nicht zu *kalp* bewahrt habe.

3) Von der Wurzel *pru*, die nur im Allgemeinen eine schnelle Bewegung „gehen flattern springen“ bezeichnet, hat sich, wie das Zeugniss der europäischen Sprachen und des Sanskrit zeigt, mit der ganz bestimmten Beziehung auf die Bewegung des Wassers eine Wurzel *plu* abgetrennt, die vor der Sprachtrennung lautlich und begrifflich nicht mehr mit jener identisch ist. Curtius macht darauf aufmerksam, [5]) dass *plu* in vier Hauptunterschieden die Bewegung des Wassers und im Wasser bezeichnet 1) schwimmen (schwemmen waschen), 2) schiffen, 3) fliessen, 4) regnen. Fast alle diese Bedeutungen finden sich im Sanskrit. Wenn daher in dieser Sprache *plu* vereinzelt auch die Bedeutung springen erhält, so ist das

---

Bedeutung zu den Wörtern unter *kalp*, dass man geneigt wäre, sie als Ausnahme zu behandeln. Vgl. Ascoli, vgl. Lautlehre, der das Gegenüberstehen von ar. *k* und lit.-slaw. Zischlaut kaum zugiebt, übrigens hier sshr. *çilpa* Kunst vergleicht, p. 46 Note 12. [1]) p. 80. [2]) p. 80. [3]) p. 84. [4]) Justi 326, es ist = *hukehrp*. [5]) p. 262.

jedenfalls spätere Uebertragung, und das Petersburger Wörterbuch bemerkt ausdrücklich, dass für diese Bedeutung *pru* ursprünglicher sei.

pru sich bewegen, springen [1])

sskr. *prav-ate* nur: springen, auch mit praepp, *prava* flatternd schwebend,

altb. *fru* gehen, caus. gehen machen, wegbringen, *fraota* getrieben,

an. *frâr* hurtig schnell,

as. *fräh* froh, *fräh-mōd* = *frō-mod* [2]) frohgemuth,

ags. *freá* ahd. *frao frô*. [3])

plu schwimmen schwemmen,

plav-ate schwimmen, *caus* schwimmen machen spülen waschen,

gr. πλύνω wasche, πλυτός = ss. *pluta* gebadet, begossen, πλύσις = ss. *pluti*, πλέϝει πλεύσομαι schiffen schwimmen, πλόϝος =ss. *plava* jenes „Schwimmen" dieses „Nachen Schwimmen Fluth,"

altl. *perplovere* durchfliessen lassen, leck sein, *pluit* regnen,

ksl. *plovą plovją* inf. *pluti* πλέω, lit. *plaüju plauti* schwimmen, ags. *flovan* fliessen, got. *flōdus* Fluss, ahd. *flaw-jan flaw-ên*, mhd. *vlouwen vlöuwen*, spülen waschen. [4])

Die germanischen Formen mit *r* sind vielleicht des *h* wegen schon Weiterbildungen.

Wieder können die altbaktrischen Formen nichts gegen eine Wurzel indog. *plu* beweisen, da das Altbaktrische mit dieser Form auch die Bedeutungen derselben, soweit bei Justi zu übersehen ist, eingebüsst hat.

4) *rangh* springen ist bisher immer mit *langh* identificirt worden, obgleich beide Wurzeln sich sehr deutlich von einander trennen. Die älteste Form der Wurzel ist *argh*, sowie über-

---

[1]) Wurzel *pru* fehlt bei Curtius und Fick (Abth. 1 und 2). [2]) Siehe Heyne Glossar zum Heliand. [3]) Nach Fick p. 801. [4]) Zusammenstellungen zu *plu* bei Curtius 262 Fick 130.

haupt alle mit *r* anlautenden Wurzeln auf solche, in denen *r*
dem Vocal folgt, zurückzuführen sind. Das Griechische hat,
wie in sehr vielen Fällen, auch in der Wurzel mit jüngerem
l die ursprüngliche Stellung bewahrt, das anlautende *ε* in
ἐλέγχω ist nicht prothetisch, wie Curtius[1]) annimmt, ebenso
wenig wie in *ἐλαχύς* trotz sskr. *laghu*, die allerdings Curtius
von *langh ἐλέγχω* trennt, aber mit Unrecht. Die ursprüngliche Bedeutung von *argh = ragh* ist „sich heftig bewegen"
speciell „springen", woraus dann, wie das Sanskrit zeigt, durch
die Bedeutung „überspringen" einerseits die Bedeutung „übertreten verletzen, beleidigen" andrerseits „über Etwas hinwegsetzen, in nominibus die Bedeutung „was zu überspringen, zu
überwinden, leicht, geringfügig ist", hervorgeht. Folgendes
gehört demnach hierher:

argh[2]) = *rdgh*

sskr. *rgh-āyati* beben vor
Leidenschaft, toben, ra-
sen.

gr. *ὀρχέει* heftig bewegen, erregen, reizen, *ὀρχέεται*
sich heftig bewegen, tan-
zen.

sskr. *rangh-ate* eilen rennen,
ramh-ate rennen, intens.
rārah-āna eilig, *rangh-
as ramhas rahas* n. Eile,
hierher der Bedeutung wegen
altir. *lingim* salio ags. *lungre*
rasch, mhd. *lingen* vor-
wärts gehen, ahd. *lingiso*
das Gelingen,
ksl. *liz-a* f. Nutzen,[3])
gr. *λαγώς*,[4])

(a)-langh.

langh-ati springen auf,
caus. *langh-ayati* springen überschreiten, be-
steigen, übertreten, miss-
handeln, übertreffen.
langhana das Hinüber-
springen, (Bespringen,
concubitus)[5]) Beleidig-
ung. *(P. W.)*
langh-aka Beleidiger
langh-anīya worüber
man hinwegsetzen, an
dem man sich vergehen
darf u. s. w.

gr. *ἐλέγχω* schmähen über-
führen,
ἔλεγχος Schmach.

Ags. *leahan* tadeln, das Benfey[6]) hierherzieht, wage ich
der Lautverschiebung wegen nicht zu vergleichen; wenn es

---

[1]) p. 181. [2]) Fick p. 15. [3]) Fick p. 164. [4]) Benfey G. W. L. 2, 27.
[5]) Benfey Glossar. zur Chrestomathie. [6]) G. W. L. 2, 26; ich möchte
es zu europ. *lak* (cfr. Fick unter *rak* p. 388) stellen.

— 24 —

hierher gehörte, würde es noch deutlicher zeigen, dass die zu
rangh gestellten europäischen Formen mit *l* nichts mit den
der Bedeutung nach zu *langh* gehörenden trotz der gleichen
liquida zu thun haben. Lat. *arguo* dagegen macht keine
Schwierigkeiten mehr; da es zunächst „deutlich zeigen" heisst,
so hat es Fick[1]) gewiss mit Recht zu Wurzel *arg* hell sein
gestellt.

Das Altbaktrische hat zu der Wurzel *argh* sowohl als zu
ragh Entsprechungen bewahrt in dem part. praes. *ereghañt*,
arg, böse[2]), eigentlich „zitternd, bebend" zu *areg*.[3]) (Das
Petersb. Wtb. bemerkt, dass nach Grimm das deutsche „arg"
ebenfalls in der ältesten Zeit vorzugsweise *timidus avarus* bedeutet, es würde also auch hierher gehören) ferner in *reñj-
aiti* aufspringen, leicht sein[4]), *rag*, springen, letzteres unbelegt.[5]) Die Bedeutungen: überspringen, beleidigen fehlen im
Altbaktrischen, *langh* bleibt also unangefochten.

Schwieriger ist es, über die Wörter, welche „leicht" bedeuten, zu entscheiden. Es sind folgende sskr. *raghu*, ren-
nend, Renner; leicht, wandelbar (Letzteres nur an einer Stelle
im *RV* 8, 33, 17); *laghu*, leicht, geringfügig; altb. *reñjya*,
leicht, vgl. *reñjaṭaçpa*, leichte Rosse habend,[6]) von *reñj*, rennen, gr. *ἐλαχύς*, leicht, gering, lat. *levis*, lit. *lengvas*, leicht,
ksl. *lĭgŭ* in *lĭgŭ-kŭ*, leicht, *lĭgota* f. Leichtigkeit, = sskr.
laghutā, Leichtigkeit. [7]) Da die Bedeutung „leicht" sich je
nach der Anschauung ebensogut aus der Bedeutung „rennen"
(altb. *reñj* „aufspringen, leicht sein") wie aus der Bedeutung
„überspringen" (was zu überspringen, „leicht" ist) entwickeln
kann, so kann die altb. Bildung *reñjya*, bei der zu beachten
ist, dass sie durch das Suffix *ya* von sämmtlichen andern
Sprachen getrennt ist, und sich als speciell altbaktrische Bildung erweist, unmöglich Anstoss gegen die oben durchgeführte Trennung erregen. [8]) Aehnlich wie das Altbaktrische
dürfte auch sskr. *raghu* zu erklären sein, bei der Beziehung
der Bedeutung „leicht" zu beiden oben angeführten
Wurzeln konnte das ältere Sanskrit, dessen Vorliebe

[1]) p. 15. [2]) Justi 72. [3]) Justi 29 [4]) Justi 215, vgl. Fick 303. [5]) Justi 251.
[6]) Justi 257. [7]) Fick 164. [8]) Aehnlich hat das Altb. eine Neubildung
geschaffen in dem bei *gar* zu erwähnenden *garañh* Kehle.

für das *r* oft genug betont ist, jene Form wählen, ohne dass
das *l* in grundsprachlich *laghu* in *r* rückverwandelt zu sein
braucht; jedenfalls kann, da das Altbaktrische seinen eignen
Weg gegangen ist, die Zumuthung, an eine unabhängige Entstehung von *laghu* im sskr. und den europäischen Sprachen
zu glauben, durch nichts begründet werden.

5) Die Wurzeln *rap* und *lap* sind schon in der Grundsprache zu unterscheiden. Eine begriffliche Trennung ist wohl
zu erkennen, doch mag ich, bis besonders *rap* besser belegt
ist, nicht allzugrosses Gewicht darauf legen. *rap* heisst seiner
Herleitung aus *ar* gemäss [1]) ganz allgemein tönen (murmeln,
auch tadelnd reden?), die Bedeutung klagen kommt nur *lap* zu.

rap	lap
sskr. *rap-ati*, schwatzen, flü- stern.	*lap-ati*, schwatzen, flü- stern, j a m m e r n.
pra-rap, schwatzen.	*pra-lap*, jammern.
ksl. *rŭp-ŭ-tŭ* m., Gemurr, Getön.	*vi-lap*, jammern.
rŭp-ŭtati, murmurare.	*lap-ita* n. Geschwätz.
Hierher darf man vielleicht	*vilapita* n. Jammmern.
folgende germ. Formen ziehen:	*lapana* n. Mund.
an. *refsa (= rafsja) refsta*,	gr. ὀλόφ-υς, Jammern.
strafen, züchtigen.	ὀλοφυδνός, jämmerlich.
as. *respian*, strafen, züchtigen.	ὀλοφύρω, jammern.
ahd. *refsan*, mhd. *refsen, repsen*	lat. *lā-mentum*
(*rafste* praet.)	(für *lap-mentum*) [3])
mit W o r t e n strafen,	*lâmentari*.
tadeln, züchtigen.	Hierher muss noch
an. *refsing* f. Strafe.	gestellt werden, man
ahd. *rafsunga*, mhd. *refs-unge*	braucht also nicht sskr.
st. f. Tadel, Züchtigung.	*lapita* mit
ahd. *rafslicho* mhd. *rafslîche*	ksl. *rŭpŭtŭ* (sskr. *l* gegen
adv. in tadelnder	ksl. *r* Fick 165) zu-
Weise; [2])	sammenzustellen. [5])

---
[1]) Fick 1023. [2]) Vgl. Fick 842. [3]) Damit sind Corssens Bedenken
Beitr. p. 2 gegen das lange *a* erledigt. [4]) Miklosich Lexicon p. 347.
[5]) lat. *loqui* sowie die griech. und slav. Formen mit *k*, welche Curtius
151 anführt, müssen von *rap lap* getrennt werden und sind zu europ.
rak lak zu stellen.

die Bedeutung strafen hätte sich darnach erst aus der Bedeutung tadeln entwickelt.

Das Altbaktrische widerspricht der Existenz von *lap* vor der Sprachtrennung nicht, da, soweit ich sehen kann, die Entsprechungen zu *rap* und *lap* dort fehlen.

6) Vielleicht das deutlichste Beispiel einer durchgeführten Trennung der liquidae auch in begrifflicher Beziehung bilden die Wurzeln *rabh* und *labh*, älter *arbh* und *albh*. Das Material haben zum grossen Theil bereits Curtius [1]) und Fick [2]) zusammengestellt, nur nicht nach den liquidis getrennt. Die ursprüngliche Stellung der liquidae zeigt sich in

arbh, etwa „arbeiten“.

sskr. nur *ṛbhu,* [3]) anstellig, geschickt.

ṛbhumat, anstellig.

got. *arb-aithi* ⎫
ags. *earf-odh* ⎬ Arbeit.
ahd. *arabeit.* ⎭

albh, erwerben, besitzen.

nur in

gr. *ἀλφάνω,* einbringen, erwerben.

ἀλφή, Gewinn.

ὄλβος, Besitz.

Viel reicher belegt sind die jüngern Formen

rabh

ssk. *rabh,* fast nur mit praepp.: fassen.

ā-rabh, anfassen = beginnen.

sam-rabh, anpacken, med. (erfasst werden) aufgeregt werden.

sam-rabdha, wüthend.

rabhas, Ungestüm.

instr. *rabhasā* adv. leidenschaftlich.

rabhasa, ungestüm, von stechender Farbe.

labh

labhate, erwischen, erfassen, antreffen, finden, erhalten, bekommen, besitzen, haben.

lambha m. das Finden, Erlangen, Wiedererlangung.

lambhana, dass.

lābha das Finden, Antreffen, Bekommen, Gewinn, Vortheil.

gr. *λάφ-υρον* n. Gewinn, Beute.

---

[1]) p. 274. [2]) p. 166. [3]) Dass *ṛ* = *ar* ist, zeigen die verwandten Sprachen. Ludwig bemerkt in seiner neuesten Abhdlg „Agglutination oder Adaptation“, dass es nie Position macht (p. 17), daher = *iri,* nicht *ri* sei (richtiger wohl *ir?).*

lat. *rabio rabere*, wüthen.

rabies, Wuth.

rabula, der tobend und schreiend eine Sache vertritt.

rabiosus, wüthend.

(*rôbur* gehört aber nicht hierher.[1])

böhm. *rob-iti* laborare.

ksl. *rab-ŭ robŭ* servus, *rabota* Arbeit.

λαμβάνω,[2] nehmen.

λαβή, Griff, Handhabe.

λάβρος, ungestüm, gierig.

lit. *lab-as*, gut.

sbst. Gut.

lob-is, Besitz, Habe.

Gewiss ist *labh (albh)* aus *rabh (arbh)* hervorgegangen; aber ein Uebergreifen der Bedeutungen ist kaum noch nach= weisbar. Ueberblicken wir Alles, was zu jeder von beiden Wurzeln gehört, so können wir uns unmöglich der Einsicht verschliessen, dass seit der Entstehung von *labh* in der Grundsprache das Bewusstsein der Trennung beider Wurzeln wach blieb. Die Bedeutungen trennen sich so: *arbh rabh* heisst nur anfassen, d. i.

1) unternehmen, arbeiten, adj. (zur Arbeit) geschickt, beginnen.

2) erfasst werden, d. h. aufgeregt, wüthend werden.[3]

albh labh dagegen heisst: erfassen d. i. 1) erlangen, erhalten. 2) besitzen.

Eine Ausnahme macht nur lat. *lăbor*, welches die Bedeutung der Wurzel *rabh* zeigt und darum eben auch unter diese gestellt werden muss, gr. λάβρος, gierig, ungestüm, heftig kann dagegen ebensogut[4] von dem mit dieser Wurzel zusammenhängenden *lab* lecken (vgl. *ligurio*, lüstern sein, allerdings Desiderativum) abgeleitet werden. Das Material zu der gegebenen Uebersicht lässt sich jedenfalls noch erweitern,

---

[1] Siehe Fick 166. Kuhn stellt es gewiss mit Recht zu sskr. *râdhas* gr. ῥώννυμι für *ῥωϑνυμι Zs. 6,300, vgl. Benfey G. W. L. 1,76; 2,338. [2] Das φ in den griech. Wörtern ist der ältere Laut, β daraus zunächst durch Einfluss des Nasals entstanden. Curtius 483. [3] So Fick 166 und Petersb. Wtb. unter *sam rabh* im med. Oder kann man ableiten „anfassen = begehren, leidenschaftlich verlangen, wüthen?" [4] mit Lottner Zs. 7, 185.

bei dem bis jetzt vorliegenden ist sicher kein Durcheinander-
werfen der Formen zulässig.

Im Altbaktrischen findet sich nichts, was den behandelten Wurzeln entspräche.

7) Zu trennen sind ferner der Bedeutung nach die bisher
identifizirten Wurzeln *ri* und *li*, wie die verschiedene Verwendung derselben in den Einzelsprachen zeigt, obwohl schwer
anzugeben ist, welche einheitliche Bedeutung sich durch die
beiderseitige Entwicklungsreihe hindurchziehe. Stellen wir
sie zunächst zusammen.

rî [1])	*li*
ssk. *riyáti, rináti, ríyate,* frei lassen, laufen lassen (das Wasser), losmachen, abtrennen.	*liyate,* sich anschmiegen, stecken bleiben, stocken; sich anheften = sich setzen, schlüpfen in, verschwinden.
med. sich auflösen, in Stücke gehn.	
rîṇa, fliessend.	*pra lî,*aufgehen in,sterben. *lîna,*steckend in,verborgen in n. das Sichanschmiegen, Verstecktsein. [2])
vi ri u. s. w., zertrennen.	*vi lî,* zergehen, sich auflösen, schmelzen.
sam ri, zusammenfügen (zusammenspülen.)	*sam lî,* sich anschmiegen, hineingehen in, sich ducken, kauern.
rîti f Strom, Lauf, Strich, Linie, Lauf der Dinge = Art und Weise. (P. W.) lat. *rîtus.*	lat. *lîno, linere, lînio, linîre,* beschmieren, betünchen, *lîtera,* Buchst.
reṇu m. Staub, *retas* n. Guss, Strom, *retra* dass.	*lîmus,* Schlamm.
raya m. Strömung.	*lîtus (ûs)* das Beschmieren.
lat. *rîtus,* Art und Weise, *rîvus,* Bach.	*lêtum,* Auflösung, Tod.
Hierher gehören wohl wie skr. *rîti,* Strich, Linie.	*lîtus,* Ufer.
	lîmen, Schwelle.
	Hierher ferner
	an. *lîm* n Mörtel.

---

[1]) Fick 169. [2]) Also nicht = *rîṇa,* wie Fick annimmt.

ahd. *rîm* m. Reihe, Reihenfolge.
an. *rîm,* Kalender, Vers.
rīmr f. amnisEgilsson lexicon poeticum Norr. 663.
mhd. *rim,* Vers, Reim, von
denen dann freilich *ἀϱ-ι-
ϑμός* *ἀϱ-ιϑμέω*[1]) zu tren-

ags. *lîm,* Leim.
ahd. *lim,* mhd. *lîm,* Leim,
            Vogelleim,
as. *lêmo,* leime.

---

[1]) So trennt Curtius 317 gewiss richtig, während Fick 389 *ἀ-ϱι-ϑμός*
schreibt, obgleich auch er *ar* fügen zu Grunde legt. Die ahd. Nebenform
hrîm Graff 2, 506 könnte allerdings die Zugehörigkeit der germanischen
Formen zu *ri* zweifelhaft machen; aber in diesem Falle scheint die
Frage, ob das *h* nicht geradezu später eingedrungen, einer ernstlichen
Erwägung zu bedürfen. Nach Heyne Gram. der altgerm. Dialekte p.
102, 111, 118, 129, 141 sind in allen germanischen Sprachen in älterer
Zeit Formen mit anlautendem *h* vor *l, n, r, v,* streng geschieden von
solchen ohne *h*. Erst in späterer Zeit fällt das *h* im Ahd, in den klei-
nern altniedd. Denkmälern, im Ags. und Altn. germ. ab. Folgende
Uebersicht macht aber einen solchen Abfall in den fraglichen germanischen Wörtern unwahrscheinlich.

ahd. *rim* (neben *hrîm*)
    Zahl Vers,
    garimjan zählen
    *cfarrimjan gari-
    man.* Graff 2, 506.

alts. *rîm* Zahl Heyne
    Hel. 287
    unrim Unzahl Hey-
    ne 341.

ags. *rîm* Reihe Zahl
    in *däg-rîm, unrim
    dôgor-gerim, geri
    man* zusammenzäh-
    len, *ford-gerimed*
    in fortlaufender
    Reihe Heyne Glos-
    sar zum Beowulf.

altfr. *rim* Reim Erzäh-
    lung Richthofen
    Wtb. 994.

altn. *rîm* Kalender *rima*
    pl.*rîmur* Dichtungs-
    art Moebius an.
    Glossar 347.

Dagegen bedeuten die mit *h* anlautenden Formen *hrîm* u. s. w.
überall Reif, ags. *hriman* schreien Bosworth A Dictionary of the
Anglo Saxon Language p. 38 b, wofür Beowulf (Heyne 191) *hrinan*
hat. Unter den vielen zu *ri* gehörenden Formen im Ags. führt Bosworth auch *hriman to number* auf. Aber nach den eben verzeichneten
zahlreichen übereinstimmenden Formen aller germanischen Sprachen
muss *rim* (ohne *h*) schon gemeinsam germanisch sein, es ist also bei
der oben betonten genauen Schreibweise nicht an Abfall eines etwa
vorhanden gewesenen *h* zu denken, und die einzelne Form *hrîm* im
Ahd., dessen Consonantismus nicht einmal gegen die auf älterer Stufe
stehenden niederdeutschen Dialekte zeugen kann, sowie das einzelne

nen ist. So sind viel-
leicht auch die altir. Formen
rimi, rechnen, zählen, *ad-
rimi*, dass., *do-rimi*, erzählen,
rimaire m. Rechner, aus der
Grdbdtg. eine Reihe machen,
reihen zu erklären.

ahd. *leimo*, Lehm, Erde,
Schlamm.[1])

got. *li-thus*, Glied, das Curtius[2]) zu *ar* fügen, Fick[3]) zu *li-than* „sich abtrennen" stellt, möchte ich, im Grunde mit Fick
übereinstimmend, unmittelbar von *li* sich anschmiegen (vgl.
oben die Entwicklung im Sanskrit) ableiten, (nicht von *ri*).
Ein Ineinanderfliessen der Bedeutungen der Formen mit
r und *l* ist aufs Entschiedenste zu leugnen. Je weiter man
zurückgeht, desto entschiedener ist die Trennung. Den Be-
deutungsunterschied in zwei Worte zu fassen, ist mir natürlich unmöglich. Er ist aber so auffallend, dass auf beiden
Seiten sogar Gegensätze entstehen. Man vergleiche: *ri*, fliessen,
li das Gegentheil: „haften = kleben", so *rina*, fliessend,
lina, stecken bleibend. *ri* zeigt überall den Grundbegriff
der Bewegung, *li* den des Aufgelöstseins, aber dann des An-
haftens, Klebens, woraus die Bedeutungen „Ufer, Schwelle",
ferner „Schlamm", wieder anders „Sterben, Tod" (sskr. *pra
li*, lat. *letum*) vollständig klar werden, und die getrennte
Entwicklung wiederholt sich an beiden Wurzeln auf asiatischer
und europäischer Seite. Wenn wir nun gegen Altbaktrisch
raêtu, Flüssigkeit, got. *leithus*, Obstwein, lit. *ly-tus*, Regen
finden, so scheint es mir hier nicht nötbig, eine Identificirung
vorzunehmen[4]). *raêtu* gehört sicher zu *ri* fliessen, got. *leithus*
aber erklärt sich aus *li*, wenn wir folgende slav. Formen be-
rücksichtigen: lit. *lěju, lě-ti*, giessen, giessend bilden, formen
wird ganz speciell vom Hervorbringen bestimmter Formen
durch den Guss gesagt, passt also zu den angegebenen Bedeutungen von *li*; *lějikas* m. heisst Giesser, *laistan, lai-stýti*

---

ags. *hriman* zählen gegen die Belege aus dem Beowulf ohne *h* sind also
wohl aus später eintretender Verwirrung bei dem zunehmden Abfall
des alten *h* zu erklären. Die Entscheidung muss hier den Germanisten
überlassen bleiben.
[1]) Vgl. Fick 859. [2]) a. a. O. [3]) p. 858. [4]) Vgl. Fick 174.

oft giessen, begiessen, bewerfen, betünchen (wie lat. *lino*); *lĕmŭ* m. Wuchs passt noch deutlicher, und so mag got. *lcithus* vom Zusammengiessen der Bestandtheile, nicht vom „Fliessen" benannt sein. Aber ich lege hierauf keinen Werth, in den jüngsten Perioden der Sprache kann, durch die Aehnlichkeit der Formen und Bedeutungen beider Wurzeln veranlasst, wohl eine Berührung stattgefunden haben, und daraus muss auch lit. *lyja, lyti,* regnen, *ly-tus,* Regen, ksl. *lĕ-ją, lijati,* giessen, erklärt werden.

Zu erledigen bleibt noch altb. *iri ri,* beschmutzen[1]), das allerdings die nur für *li* nachgewiesenen Bedeutungen hat, aber so gut wie *li* ursprünglich identisch mit *ri* war, auch für sich auf dieses zurückgeführt werden muss und die daneben hergehende r e i c h e r e Entwicklung der übrigen Sprachen in der doppelten liquida nicht alterirt.

8) Die Wurzeln *ruk* und *luk* sind ganz gewiss, nachdem sie einmal lautlich von einander getrennt waren, schon in der Grundsprache auch begrifflich verschieden gewesen; denn einmal heisst *ruk* und seine Fortbildung *ruksh* im sskr. und altb., wo sie allein in dieser Form noch überliefert sind, nur leuchten, nicht sehen, während jene Bedeutung noch einmal hervortritt in locana, das beides zugleich bedeutet, wogegen die Bedeutung sehen nur auf *luk* beschränkt ist; zweitens aber müssen die europäischen Formen, bei denen auch das ursprünglichere *ruk* in *luk* übergegangen ist, nach ihrer Bedeutung wieder in zwei Gruppen zerlegt werden, deren eine, welche vorzugsweise die verstärkte Wurzel wie sskr. *lok* festgehalten hat, durch die dazu stimmende Bedeutung die angenommene Trennung ebenfalls bestätigt. Demnach sind die Formen folgendermassen zu ordnen.

ruk	*luk*
sskr. *roc ate,* scheinen, leuchten lassen, med. scheinen, leuchten.	*lok ate,* erblicken, gewahr werden.
	caus. *lokaya* dass.
rukma m Goldschmuck n. Gold.	loc. *locate,* caus. *locaya,* betrachten, erwägen.

---

[1]) Justi p. 56 vgl. noch *gāthrōrayañ* die Gesänge befleckend p. 104.

ruc ruci f. Helle, Licht.
ruc-ira, glänzendhell.
viroka m. das Erglänzen,
  Leuchten.
virokin, leuchtend,

rocana Licht n. Aether.
rocis n Glanz.
virocana, erleuchtend,
  Sonne, Mond, ˘Feuer,
gr. λύχ-νος m, Leuchte.
  λύγδος m weisser Marmor.
  λύγδη, Weisspappel.
  λευκός, licht, weiss.
lat. *lucerna lucescere lûmen*
  (für *lucmen*), (*lucna*
  lūna siehe *luks*) *lūx*
  altl. *loux,* Licht, *lûcere,*
  leuchten u. ˙s. w.
got. *liuh-atha* n. Licht.
as. *lioht,* ags. *leóht.*
ahd. *lioht* mhd. *licht.*
ksl. *lu-na* f. Mond.
  luča f. Strahl, Mond.[1])
lit. *laúkas, laúkis,* v. Rindern
  und Pferden mit weisser
  Stirn gesagt.

λευκ λεύσσει, sehen,
  schauen,
viloka m. Blick,

vilokin, hinsehend, blik-
  kend.
locana erleuchtend, n.
  Auge.
vilocana, sehen machend,
  oder sehend; Auge.
lit. *luk-éti, lúk-urti, láukiu,*
  laúkti, warten, harren
  = aussehen nach).
lett. *lûk ót,* sehen, schauen.
  lûks, Korn an der Flinte
  Curtius[2]) vergleicht noch
  ahd. *luog-êm,* sehn.

Das Sanskrit, welches allein beide Formen aufweist, trennt sie durchgehends, *locana,* sehend, ist gut bezeugt, für die Bedeutung leuchtend nur noch an einer Stelle[3]) und beweist nur, dass die lautliche Trennung der begrifflichen voranging.

Das Altbaktrische scheint mir geradezu beweisend für die Existenz des grundsprachlichen *luk;* denn wieder hat es eine Menge Formen entwickelt, welche auf grundsprachliches

---

[1]) Siehe die Zusammenstellung bei Fick 170 vgl. 176. [2]) 152.
[3]) Ebenso *vilocana* in der Bedeutung sehen machend nur *Harivaṁça* 14943, vgl. d. Petersb. Wtb., sonst überall Auge.

ruk zurückzuführen sind, aber eine Spur der Bedeutungen von *luk* finde ich nicht. Demnach muss schon zur Zeit der Sprachtrennung nur *luk*, nicht *ruk* die Bedeutung sehen gehabt haben, das Altbaktrische scheint jenes verschmäht und irgend eine andere Bildung an seine Stelle gesetzt zu haben. Die altbaktrischen Formen aus grundsprachlichem *ruk* sind folgende: *ruc*, leuchten, *raocaṅh* n. Glanz, *raocaṅha*, leuchtend, *raocana* n. Tageshelle = sskr. *rocana*, leuchtend (das nie Auge heisst, sondern in dieser Bedeutung durch *locana* ersetzt wird), *raocahina*, hell, *raocinavañṭ*, glänzend[1]) cet.

In derselben Weise wie oben *ruk* hat sich auch dessen Weiterbildung *ruks*, leuchten, gestaltet, dem wiederum im Europäischen nur *l* entspricht, ssk. *ruksha*, glänzend, strahlend, altb. *rukhsh*, leuchten, *raokhshna*, glänzend, m. Glanz, *raokhshni*, glänzend, *raokshnu* m. Glanz[2]) lat. *inlustris* für *inluxtris*[3]), altpreuss. *laux-nos* pl. f. Gestirne, hieher lat. *lūna*[4]), weiter ags *lioxan*, *liéxan*, *lixan*, leuchten.

Zu *luk* gehört auch die grundsprachliche Bildung *lauka* freier Raum.[5])

9) Die Wurzel *las*, begehren, leitet Fick[6]) her aus indogermanischem *ra*, lieben. Da wir aber *las* aus jener Wurzel uns nicht anders entstanden denken können, als durch vorhergehende Verwandlung des *r* in *l* und Zutritt von *s* an *la*, wodurch wir dem *l* ein bedenklich hohes Alter einräumten, so ist es hier wie für die Erklärung aller Wurzeln mit *l* vorzuziehen, wenn eine Herleitung gefunden wird, die sie mit einer bis auf die liquida ganz gleichen Wurzel verbindet, und es ist demnach eine Wurzel *ras* zu suchen, aus deren Bedeutung sich die unserer Wurzel erklären lässt. Auf die Anknüpfungspunkte weist uns sehr schön das Sanskrit hin: Dort hat *las* folgende Bedeutungen: strahlen, glänzen; er-

[1]) Vgl. d. Formen bei Justi. [2]) Fick 171. [3]) Corssens Bedenken Beitr. 411 gegen ein eingeschobenes *s* im Lat. erledigen sich durch die Uebereinstimmung der verwandten Sprachen, gegen seine Ableitung von *illustris* aus *lustrum* vgl. Bugge Zs. 20, 15. [4]) *lūna*, das der dialektischen Form *losna* wegen nicht aus *lucna* erklärt werden kann, deutet jetzt Bugge Zs. 20, 14 ff. aus *loux-na* = altb. *raokhshna* wie preuss. *laux-nos*. [5]) Fick 176. [6]) p. 941.

schallen, tönen; spielen, sich vergnügen, caus. tanzen, im Intensiv und in der Form *lash*, begehren. Am ältsten ist ohne Zweifel die Bedeutung „sich bewegen", woraus auch sonst die Bedeutungen tönen und leuchten hervorgehen, vgl. z.B. got *brahva*, das Blinken, *brahv augins*, Augenblick und sskr. *bhrâç*, flimmern, blinken = leuchten.[1]) Die Bedeutung tönen (in ihren verschiedenen Modificationen brüllen, schreien, sprechen) finden wir nun in dem grundsprachlichen *ras*, mit dem also jedenfalls *las* zu verbinden ist. Daraus ergiebt sich folgende Gegenüberstellung:

ras	*las*
sskr. *ras-ati*, brüllen, wiehern, schreien, tönen.	sskr. *las-ati*, strahlen, glänzen; erschallen, tönen; spielen, sich vergnügen; caus.
rasita, n. Geschrei, Getön.	
rasana, Brüllen, Schreien.	
rās-ate, heulen, schreien.	*lāsayati*, tanzen, vom
rās-abha m. Esel.	Intensiv *lālas:*
altb. *raṅh*, tönen, loben (unbelegt bei Justi) *raṅhâo*, heulend, weinend.	*lālasa*, begierig nach.
	lash-ati
	lashate } begehren.
	lashyati
got. *razda* f. Sprache, Mundart.	*lashyate*
an. *rödd* f. Laut, Stimme.	*lashaṇa*, begehrend.
ags. *reord* st. f. Sprache.	*lāshuka*, begehrlich, habsüchtig.
ahd. *rarta*, Stimme, *rêrên*, blöken, brüllen.[2])	*abhilāsha* m. Verlangen, Begierde.
	gr. λάω für λασω, ich will.
	λιλαίομαι, begehre.

[1]) Ueber die nahe Beziehung der sprachlichen Ausdrücke für tönen und leuchten vgl. auch Curtius 279, ferner die im *P. W.* aus dem *Dhâtupâthas* angeführte Wurzel *bhrañç* „leuchten oder sprechen"
[2]) Griech. ἐρασ in ἐρασ-τός geliebt. reizend wage ich, obgleich Fick 175 es mit *las* vergleicht, nicht hierherzuziehen, da ich das ε nicht für einen Verschlagsvocal halten kann. Die Wurzelform *ras* ist eine verhältnissmässig junge, wie überhaupt die Wurzeln mit anlautender liquida sich auf ältere mit Vocal vor der liquida zurückführen lassen dürften. Gerade das Griechische hat die ältere Stellung oft bewahrt, vgl. ἐλέγχω neben *langh* aus *argh*, ferner ἐρετμόν neben lat. *remus*, arisch dagegen noch *aritra* treibend, Ruder, vgl. Fick 432, wo auch lit. *iriu ir-ti*

vgl. auch

ndd. *rôr-en* heulen weinen
und Fick 843.

λῆμα λῆσις, Wille.
λάσ-ταυρος.[1]
λίαν, gewaltig, sehr.
lat. *las-c-îvus*
got. *lus-tus*, Lust, Begierde,
lustôn, begehren.
böhm. *laska* f. Liebe.
(lit.*loska*,Huld, entlehnt, Fick.)
ksl. *laska*, Schmeichelei.
laskovŭ, schmeichlerisch.

Ueber die begriffliche Trennung der beiden Wurzeln braucht nichts weiter bemerkt zu werden. Dass sie aber beide auf ein ursprünglicheres *ras* zurückgehen, wird die Gegenüberstellung der Sanskritwörter deutlich genug zeigen. Es würde auffallend sein, wenn die Sprache zu der Darstellung der vielfachen Modificationen, welche aus dem Begriff der Bewegung hervorgehen, nicht wenigstens die Differenzirung der liquidae benutzt hätte, die sie nun in Wirklichkeit verwendet hat, um die beiden Hauptbedeutungen 1) bewegt sein, (= a glänzen und b) begehren, 2) tönen auszudrücken.

rudern u. s. w. zu bemerken sind. Leo Meyer Vgl. Gram. 1, 70 vergleicht eine Reihe derartiger vocalisch anlautender griech. Wörter mit lateinischen ohne diesen Vocal, schliesst aber daraus, wie mir scheint mit Unrecht, auf das Nichtvorhandensein jenes Vocals im Gräcoitalischen.
[1]) *λάσταυρος* liesse sich auch anders erklären: *λάσταυροι οἱ περὶ τὸν ὀῤῥὸν ᑰασεῖς καὶ πόρνοι τινὲς ὄντες* Hesych kl. Ausg. 964 wo nach vielleicht *κίναιδος* erst secund. Bedtg. vgl. 2 *varsa* Fick 184. — Curtius' Bemerkung 337, die Wurzel *las* habe im Griechischen vor Vocalen ihr σ eingebüsst, scheint mir nicht genau, in *λῆμα λῆσις* Wille fehlt es vor dem Consonanten, in *λιλαίομαι* wenn es wie Curtius mit Benfey Gr. W. L. 2, 137 will, aus *λιλάσjομαι entstanden, ebenfalls, wenn es aber, was Kuhn Zs. 2, 269 wie bei *τρείω* neben *τρέω*, *ζείω* neben *ζέω* wegen *trasati* und *trasyati*, *lashati* und *lashyati* zweifelhaft lässt, aus *λιλάσομαι entstanden, so ist σ zu ι geworden wie in *λαικάζειν λαικάς (πόρνη)*. Vgl. auch Benfey Jubeo u. s. Verwandte p. 37, wo erstere Ansicht wiederholt ist. Regelmässig fällt allerdings s zwischen Vocalen im Griechischen aus. Bemerkenswerth ist noch die Form *λαῖμα* für *λῆμα* bei Aristophanes aves 1563 (Benfey G. W. L. 2, 136.)

Wieder ist es mir nicht gelungen, zu *las* entsprechende
Formen im Altbaktrischen zu finden, die Beispiele zu *ras*
sind bereits oben angeführt.

10) *ru,* zerschmettern, *lu,* schneiden, lösen, sind ursprünglich identisch,[1]) trennen sich aber, wie die Uebersicht zeigen
soll, schon in der Grundsprache nach den angegebenen Bedeutungen. Ich will von beiden nur die wichtigsten Formen
anführen, um die Trennung zu erweisen.

ru

ssk. *rav-ate,* belegt nur *rudhi*
und *ruta,* zerschlagen,
zerschmettern, *ru* m., nur
bei Wilson cutting divid-
ing.

lat. *ruo* intr. stürzen,[2]) stür-
men, eilen, trans. aufraf-
fen, zusammenraffen,
aufwühlen, *rutabulum,*
Werkzeug zum Auf-
scharren, Aufrühren.

gr. *ῥύομαι,* herausziehen, her-
ausreissen (retten.)
ῥυτήρ, Zugriem.

lit. *rauju, rauti,* ausreissen,
ausgäten.

lu (lû) [3])

lunâti lunoti, schneiden,
abschneiden, trennen.

lava, dasSchneiden, Wolle,
Haar.

lavana, schneidend.

lavāṇaka, Werkzeug zum
Schneiden, Sichel.

gr. *λύω,* löse, *λύτρον,* Lösegeld, *λήϊον* dor. *λαῖον,*
Saatfeld = ss. *lavya,*
lāvya, was geschnitten
werden muss.

lat. *solvo solūtum,* lösen.

lit. *liau-ju liaú-ti,* aufhören.

got. *luna* m. Lösegeld.

---

¹) wie auch Fick 176 bemerkt. ²) *ruo* könnte man auch, mit Curtius 329, zu Wurzel von gr. *ῥέω ἐ-ῤῥύη-ν* nämlich indog. *sru* stellen,
aber die transitive Bedeutung reissen, raffen und die Composita diruo,
eruo obruo rechtfertigen die gegebene Herleitung. ³) Diese Wurzel ist
ohne Zweifel, wie bereits bei Fick ·geschehen, mit langem *û* für die
Grundsprache anzusetzen, und die Formen mit kurzem *ŭ* sind als Ver-
kürzungen anzusehen, z. B. im Sanskrit sicher durch Einfluss des in
der 9. Classe im Singular auf das Characteristicum *na* fallenden Accents,
wie es auch bei *jrî* altern, *plî* gehen, *blî* gehn, wählen geschieht, vgl.
Benfey Kurze Gr. § 186, 2. Das lange *û* wird ausser den sskr. Formen *lûna*
p. p. p., *lúni* das Schneiden, und lat. *so-lûtus* noch beglaubigt durch
das gr. p. p. p. **λῦτος,* das nur in dem adverbialen acc des Compositums
βουλῦτόνδε Π 779 schon bei Homer vorkommt, während *λυσι-* als erster
Theil von Compositis schwankende Quantität zeigt, vgl. das Wörterbuch.

ksl. *ry-jǫ ryti,* ausziehen,
ausreissen, *rov - ŭ* m.
Grab, Grube.

Bugge [1]) vergleicht noch an. *lé* m. Sense für *léi* von einer
Grundform *lěva* für *lěvan,* verwandt ist nach ihm ferner das
allerdings sehr verkürzte *ljá* f. neugemähtes Gras. Die Uebereinstimmung des Altindischen, Griechischen und Germanischen
hat, wie Bugge noch bemerkt, sogar kulturgeschichtliche Bedeutung.

Da *lū,* schneiden, im Sanskrit vorzugsweise vom Abschneiden von Gras und Getreide gebraucht wird, wesshalb auch
lāvaka (Abschneiden) speciell Mähen heisst, ferner *lāvya,* Ab-
zuschneidendes, welches == ist gr. *λήϊον* dor. *λαῖον*[2]) im Griechischen die Bedeutung Saatfeld bekommt, endlich *ἀπολαύω*
(abmähen und daher)[3]) geniessen heisst, so gehört auch Wurzel *lu,* erbeuten, hierher, ist aber nicht blos europäisch, sondern wegen der entsprechenden Formen im Sanskrit schon
indogermanisch. Folgende Beispiele zeigen dies: sskr. *lota* m.
Thräne, Zeichen n. Beute, *lotra* n. Beute, Thränen, letzteres
aus der Bedeutung von *lu,* auflösen, lösen herzuleiten; griech.
ἀπολαύω, geniesse, *λε-ία λῃς,* Beute, *λῃΐζομαι,* erbeute,
λῃτι(δ)ς, Beutemacherin, lat. *lucrum, Laverna,* Diebsgöttin,
laverniones, Diebe; got. *lau-n* as. *lôn,* ahd. mhd. *lôn* stehen
vermittelnd zwischen den Bedeutungen lösen und erbeuten
(vgl. „Erlös") da. ksl. *lov-iti,* jagen, *lov-ŭ,* Jagd, Fang.[4])

Die Entsprechungen aus dem Altbaktrischen fehlen, soweit ich sehe, gänzlich.

11) Die ursprünglich identischen Wurzeln *var val,* trennen sich bereits in der Grundsprache so, dass *var* umgeben,
bedecken, *val* dasselbe, aber ausserdem nur für sich drehen,
wälzen heissen, wovon sich bei *var* nur eine Spur findet.
Man vergleiche:

---

[1]) Zs. 20, 10. [2]) wie bereits Benfey G. W. L. 2, 1 bemerkt.
[3]) Benfey a. a. O. [4]) Die Bedenken von Curtius 339 gegen die Ver-
bindung von *lu* lösen und *lu* erbeuten, die besonders Corssens Erklärung durch den vermittelnden Ausdruk „einen Schnitt machen," betreffen,
scheinen mir durch obige Zusammenstellung erledigt.

var

ssk. *varate, vrṇoti,* umringen,
abhalten, wehren, *vara*
m. Umkreis, Umgebung,
Raum, das Hemmen.
var-aṇa, Wall.
varman n. Panzer,Schutz-
wehr.
gr. *ϝόρ-ονται,* beaufsichtigen.
οὖρος, Wächter.
φροῦρος (für *προϝορος*)
dass.
*ὥρα,*Hut,Sorge, *δράω,* ge-
gewahre, sehe. Wegen
des *ϝ* vgl. noch *βῶροι*
ὀφϑαλμοί, bei Hesych.[1]
lat. *ver-eor,* wahre, hüte mich.
ksl. *vr-ą vrě-ti,* schliessen.
lit. *at-verti,* öffnen, *su-verti,*
zumachen.
got. *var-s,* behutsam, *varjan,*
wehren.
as. *war-ôn,* bemerken.

val

sskr. *valate, valati,*sich wenden,
valita, gewendet, ge-
bogen (auch die Be-
deutung verbergen wird
noch angeführt.)
caus. sich wenden, rollen
machen.
val-anu, das Sichwenden.
val-aya m. n. Armband.
valli valî, Schlingpflanze.
ul-ūta, Boa Constrictor.
gr. *ἐλύω εἰλύω* für *ἐϝλύω.*[2]
εἰλεός m. Darmverschlin-
gung = sskr. *val-aya.*
lat. *vol-vo,* wälze, *vol-ûmen.*
lit. *velu, velti,* wickeln, walken.
vol-óti, herumwälzen.
ksl. *vlŭ-na* f. Welle =
ahd *wëlla* f. Welle (für *wel-
na*)
ksl. *val-ją, val-iti,* wälzen.
got *val-v-jan,* wälzen.

Curtius führt das sskr. *ûr-mi* m. Welle, Falte an, in welchem allerdings einmal die Bedeutung von *var* zu der von *val* hinübergreift, da aber im sskr. die Verbalwurzel *var* nicht die Bedeutung wälzen hat[3]) und die Entwicklungsreihe der beiden Wurzeln durch alle Sprachen hindurch eine ganz verschiedene ist, so kann jene Ausnahme nichts entscheiden. Noch ein Beispiel bleibt zu erledigen. Griech. *ἔλυτρον,* Hülle, muss als vollständig identisch mit ssk. *varutra* m. angesehen werden, wie bereits Pott bemerkt hat. Es gehört natürlich seiner Bedeutung wegen zu *var,* nicht zu *val,* da ein euro-

---

[1]) Curtius 324. [2]) Fick 185 vgl. Curtius 334, der aber die Wörter, welche mahlen bedeuten, mit Unrecht vergleicht und die Bedeutungsentwicklung umgekehrt auffasst. (Neben sskr. *ulūkhala* Mörser findet sich *udūkhala,* das Wort gehört natürlich nicht hierher.) [3]) weshalb für das Wort vielleicht eine andere Etymologie zu suchen ist.

päisches *l* nie die Gleichstellung mit ärischem *r* verbietet, beweist also nicht, dass das indogermanische *val* noch auf europäischem Boden verhüllen hies. *vēlum* dagegen, das man[1]) hierherzustellen versucht sein könnte, leitet Curtius[2]) wegen *vexillum* das als Deminutiv davon anzusehen, von *vagh* ab. Was nun das Altbaktrische betrifft, so weist es für grundsprachlich *var* folgende Formen auf: *var*, bedecken, beschützen, abhalten, *varatha* m. Schutzwehr, *varena* f. Bedeckung, *varenva* m. Bedeckung, *vairi* f. Harnisch, *vairi* m. See, *vara* m. Garten, in welchen sich die Bedeutungen „bedecken, umgeben" recht deutlich erkennen lassen; aber eine Anwendung auf die drehende Bewegung, die Bedeutung wälzen, ist mir nicht gelungen auch nur in einem Beispiele zu entdecken.[3])

Wie die Bedeutung wälzen, so hat sich auch die Bedeutung stark sein aus dem Begriff umgeben, schützen, entwickelt, aber gegenüber dem für jenes gebrauchten *var* in der Form *val*, Dazu gehören

sskr. *bala* (*b* und *v* wechseln bekanntlich im Sanskrit) lat. *val-eo, valor, validus, valde* und die Städtenamen *Valesium, Valetium* „feste" Stadt, sowie *Valesius*, später *Valerius*[4]) lit. *val-à* f. Macht, Gewalt, *valióti,* zwingen[5]), got. *valdan.*

Im Altbaktrischen fehlt eine entsprechende Bildung. Entfernte Aehnlichkeit hat *urvañṭ*, tüchtig, stark[6]); aber Justi leitet es von *urvaṭ* ab, das „sich befreunden, übereinkommen, zu Stande bringen" heisst und nach Justi mit *varet*, sich zu Etwas hinwenden, sskr. *vart* zusammenhängt.[7])

Wie schon bei Wurzel *tar* (Nr. 1) bemerkt wurde, bilden sich oft von Wurzeln mit *r* gewisse Nominalausdrücke mit *l* übereinstimmend in den verschiedenen Sprachen, wesshalb auch sie trotz mangelnder Bedeutungsdifferenz als schon grundsprachlich neben der Wurzel mit *r* bestehend anzusehen sind. Auch von *var*, umgeben, einhüllen, hat sich eine Form *valva*,[8]) Hülle, Eihaut, Gebärmutter gebildet in:

---

[1]) mit Corssen Beitr. 60, welcher *ē* in *vēlum* aus *vål* erklärt wie in *sēdes* aus *såd.* [2]) p. 182. [3]) Vgl. die angeführten Formen bei Justi, sowie bei Fick 306 und 307. [4]) Corssen Beitr. 473. [5]) Fick 185. [6]) Justi 66. [7]) Justi 269. [8]) Wie mir scheint, ist hier die Ursache des

skr. *ulva, ulba* (schon vedisch), Hülle um den Embryo, Eihaut, in compositis Hülle überhaupt, lat. *volva, vulva,* davon demin. *volv-ula.*

Hierher gehört ferner lat. *val-volus,* Hülse der Bohnen, dessen *l* daher nicht wie Corssen[1]) behauptet auf lat. Sprachboden entstanden ist, endlich auch *valva,* Thürflügel, wenn man es nicht, wogegen Corssen[2]) den Sprachgebrauch vertitur (statt volvitur) von der sich drehenden Thür geltend macht, von *val* wälzen, lat. *volvere* herleiten will, da doch der lat. Sprachgebrauch wohl jünger ist, als die Enstehung von *valva.* Das Wort fehlt im Altbaktrischen, obgleich *var,* verhüllen, belegt ist (vgl. *varenva*). Eine arische Bildung liegt vor in dem im *RV* häufigen *vavra,* sich versteckend, *vavri* m. Versteck, Hülle, altb. *vaoiri* m. Hülle, Hülse.

Noch eine Bildung ist hierherzuziehen, nämlich *vāra* mit der schon grundsprachlichen Nebenform *vāla.*[3])

sskr. *(ved) vāra,* Schweifhaare, sskr. *vāla (bāla),* Schweifhaar,
Rosshaar überhaupt.   Rosshaar.
puruvāra, reichen   lat. *ūlo-,* Schweif, in *ad.-ūlor.*
Schwanz und Mähne
habend *(RV.)*
altb. *vāra,* Schweif, Schwanz.

lit. *val-as* m. Schweifhaar des Pferdes, ahd. *wāla* f. Wedel, Fächer. Das Sanskrit und Litauische besonders zeigen deutlich, dass das Wort ursprünglich das Haar bezeichnete, besonders an Mähne und Schweif des Pferdes, dann erst den Schweif. Die Wurzel ist daher jedenfalls *var,* bedecken, nicht *vā,* wehen, wedeln.[4]) Griechisch οὐρά, das Fick hierherstellt, fällt neben den europäischen Wörtern mit *l* auf, dazu zeigt sich nirgends, dass das Wort ebenso wie die genannten herzuleiten wäre, vielmehr bezeichnet οὐρά wie οὔραχος οὐρίαχος das äusserste Ende eines Dinges, auch das Hintertheil eines Schiffes und den Nachtrab eines Heeres. Daher

---

phonetischen Ueberganges von *r* in *l* zu erkennen in dem Einfluss des folgenden *v,* vor dem ganz besonders häufig jener Uebergang stattfindet.
[1]) Beitr. 385. [2]) Beitr. 321. [3]) Fick 188. [4]) So Fick 188.

gehört es mit Curtius[1]) zu ὄρρος, Steissbein, Bürzel (für ὄρσος).[2]) Auch Bugge[3]) lässt den Unterschied in der Vorstellung, die dem griechischen Worte gegenüber den andern Sprachen zu Grunde liegt, ausser Acht.

Was uns nun hindern soll, bei der Uebereinstimmung des Sanskrit, Lateinischen, Litauischen und Deutschen die Form *vāla,* welche im Sanskrit doch schon im Nirukta erwähnt, auch im *A. V.* belegt ist, der Grundsprache zuzusprechen, ist nicht ersichtlich. Das Altbaktrische hat hier wirklich einmal *r,* ebenso wie das vedische Sanskrit, vielleicht fand in der Grundsprache also wirklich ein Schwanken der liquidae statt und die altarischen Sprachen wählten wie immer, wo es möglich war, die härtere liquida.

12) Ueber die grundsprachliche Trennung der Wurzeln *spar* und *spal* lässt sich kein sicheres Urtheil fällen, da für ihre begriffliche Entwicklung im Sanskrit noch die ausführlichen Belege fehlen. Doch darf der Wurzel *spal* vielleicht die Bedeutung fallen, die sie im Europäischen entschieden allein usurpirt, auch schon für die Grundsprache zugeschrieben werden, da das Sanskrit die Bedeutung ebenfalls hat.

spar, zucken,[4]) zappeln, mit den Füssen treten = spornen; zittern, schimmern, leuchten.

ssk. *sphur-ati,*[5]) zucken, zappeln, (Fick) vibriren, springen, herzubringen, züngeln, blitzen, blinken, leuchten.[6])

spal, wanken, fallen, caus. zu Fall bringen, fällen = betrügen.

ssk. *sphal, sphul,* wanken, caus. zu Fall bringen. *ā sphālita,* erschlagen, d. i. „gefällt.“ gr. σφάλλω, bringe zu Fall = lat. *fallo.* lit. *pùlu, pùlti,* fallen.

---

[1]) Gr. Et. 325. [2]) Vgl. europ. *arsa* Fick 342. [3]) Zs. 20, 30. Bugge vergleicht noch an *véli* Vogelschwanz. [4]) Siehe die Uebersichten bei Fick 215 und 216. [5]) Ueber den aspirirenden Einfluss des anlautenden *s* vgl. unter A. Kuhn Zs. 3, 323, über Verdunklung des *a* zu *u* vor liquidis und nach Labialen besonders im Sanskrit p. 325 und Benfey K. Gr. § 24. [6]) Benfey Glossar. z. Chrest.

gr. σπαίρω ἀσπαίρω, zucken, zappeln.

lat. *spernere*, verachten, zu- rückstossen.

lit. *spir-iù, spìr-ti*, mit den Füssen ausschlagen, tre- ten *spar-as*, Sparren.

ahd. *sparro* ⎫ mhd. *sparre* ⎰ Sparren.

ahd. *sporo*, ags *spora*[1]) *spura, spur,* Sporn, davon ahd. *spornan, spurnan.*

ags. *spurnan*, spornen.

ahd. *sperran* ⎫ niedd. *sparteln.* ⎰ zappeln.

as. *fallan* ⎫ ags. *feallan* ⎬ fallen. ahd. *fallan* ⎭

caus. *felljan*, fällen.

Im Sanskrit hat *sphal* auch noch die Bedeutungen von *sphar,* nicht aber umgekehrt, auch die ganze Bedeutungs- entwicklung beider ist im Sanskrit, sowie noch deutlicher auf europäischer Seite verschieden, *spal* muss daher jedenfalls als grundsprachliche Wurzel angesetzt werden. Das Altbaktrische hat nur *çpar,* gehn, mit den Füssen treten, sich sträuben, die Bedeutung fallen fehlt.

13) Ein schlagendes Beispiel dafür, wie auch das Sans- krit von den ältesten Zeiten her die Wurzeln mit *r* und *l* be- grifflich verschieden gebraucht hat, bietet ferner die Wurzel *kal* neben *kar* gehen. Jenes zeigt Spuren seiner Herkunft aus *kar,* indem es z. B. in der Form *cal-ana* auch Fuss heisst, jenes hat im Sanskrit nirgends die Bedeutungen von *kal,* „sich hin und herbewegen, schwanken, zittern", nähert sich dieser Intensivbedeutung[2]) höchstens, wenn es selbst Intensivform hat. Auf europäischem Boden haben die Formen mit *r,* wie oft, auch dieses in *l* verwandelt und können dess- halb nur nach der Bedeutung getrennt werden.

---

[1]) Kuhn Zs. 3, 324. [2]) Verba für gehen bedeuten im Intens. in Krümmungen gehen = hin- und hergehn. Benfey K. Gram. § 84. Bem.

kar

ssk. *car,* gehen, durchwandern, durchstreifen, Intensiv sich schnell bewegen.

caraṇa m. Fusssoldat, Fuss n. Gang; Verfahren, Benehmen.

cara, beweglich d. h. nur vom Lebendigen überhaupt, das Thier im Gegensatz zur Pflanze[1]); Spion.

carācara R.V. 10,85, 11 beweglich, laufend.[2])

cāra, Spion, Gang, Lauf.

cāraṇa m. Wanderer. Hierher wohl in der Bedeutung *colere*[3])

ssk. *carî,* junge Frau.

gr. *κόρα κώρα,* *κοῦρος,* Jüngling. Mit *l* gehören hierher *βούκολος,* lautl =

sskr. *gocara,* *δύσκολος* = sskr. *duçcara.* *κῶλον,* Bein, Fuss.

lat. *câlon*-Diener.[5]) *callis,* Weg.

kal

cal, sich rühren, zittern, schwanken.

calana (Fuss) Schwanken, Zittern.

cala, beweglich d. h. zitternd, unstät[1]) m Quecksilber.

calācala R.V. 1, 164, 8 wackelnd, locker[2]) später „veränderlich". *cāla* das Wackeln. *dantacāla,* das Wackeln der Zähne.

cālana n. das Hin und Herbewegen, ,Wedeln.'[4]) *κόλαξ,* Schmeichler (vgl. *cālana* und lat. *adûlor.*) *κίγκλος,* *κίγκαλος,* Bachstelze. lit. *këli* f. Bachstelze.

---

[1]) So bemerkt ausdrücklich das Petersburger Wtb. [2]) So das *P. W.* [3]) Fick 34, anders freilich Curtius 141, der die griech. Wörter für Jüngling Mädchen von *skar* scheeren ableitet, doch spricht dagegen das identische sskr. *carî.* [4]) Die Bedeutung fehlt im *P. W.* aber Bhartr. 2, 26 wo von einem Hunde die Rede ist, heisst das Wort so, vgl. auch Benfey Glossar. z. Chrest. [5]) Die abweichende Erklärung, die Fick im

Zu *kar* gehören noch lit. *kél-ias*, Weg, *kel-ýs* m. Weg;
Knie, *keli-auti* reisen.[1]) Auf die Bedeutungen von sskr. *cara*
und *caraṭa*, Bachstelze, ist doch wohl nicht viel Werth zu
legen, sonst müsste man eben annehmen, dass das Sanskrit
hier von einer andern Vorstellung als das Griechische ausge-
gegangen wäre, da sonst nie *car*, nur *cal* die Intensivbedeutung schwanken, zittern hat.

Das Altbaktrische hat folgende Formen: *carana* n. Werkzeug, *carāna* m. Feld, *carâiti*, Mädchen, Frau, *careta* f. Renn-
bahn (zu *car*, gehen), die Bedeutung „schwanken, zittern"
habe ich nicht gefunden.

14) Die Wurzel *gal*, fallen, verschwinden, welche nach der
Uebereinstimmuug des Sanskrit und der europäischen Sprachen als indogermanisch angesetzt werden muss, leitet Fick[2])
von *gar*, bespritzen, ab, das *gar* nicht vorkommt und von
den indischen Grammatikern nur aus *garaṇa*, das Bespritzen,
erschlossen zu sein scheint. Welcher Bedeutungsübergang
stattgefunden habe, lässt sich bei dieser Herleitung gar nicht
verstehen. Weiter unten bei *rab lab* wird dagegen klar werden, dass die Bedeutung „fallen" sich sehr natürlich aus der
Bedeutung „schwer sein" ergiebt.[3]) Auch für diese Bedeutung
scheint sich nun keine mit *gal* in Beziehung zu setzende
Wurzel zu finden; aber wir können noch weiter zurückgehen. Indem Joh. Schmidt zeigt, dass die Wörter βρίϑω
schwer sein, βρῖϑος, Schwere, nichts mit indogermanischem
garu gemein haben,[4]) verbindet er sie mit lit. *brẹstu, bréndan*,
brẹsti, Kerne ansetzen, sich füllen, wie βρίϑεται, βαρύνεται
καρπῷ (Hesych.) und leitet sie von einer Wurzel indogerm.
bhrandh ab, welcher demnach die Bedeutungen „voll sein,

Nachtrag p. 1061 zu diesem Worte vorschlägt, nämlich es von *kak* passen abzuleiten, ist gewiss nicht richtig. Zur Erklärung des langen *â*
lässt sich allerdings mit Fick sehr hübsch eine Form *caclon* voraussetzen, diese möchte ich aber für eine Reduplication von *kal* halten.
Selbst *căcula* könnte so entstanden, das *l* also wuszelhaft sein. Merk-
würdig ist *câcula* mit *â* Plaut Pseud Argumentum II, 14, das sich aus
der Reduplication nach Art der Intensiva sehr gut erklären würde.
[1]) Fick 33. [2]) 940. [3]) Fick p. 60 leitet gerade umgekehrt ab, *garu*
schwer von *gal* abfallen, was unmöglich ist. [4]) Zur Gesch. des ig.
Vocalism. p. 124

schwer sein" zukommen. Denselben Bedeutungsübergang können wir aber für *gal* annehmen und dieses demnach mit Wurzel *gar* verschlingen, sich füllen, voll sein, schwer sein, daher *gal*, fallen, griech. βάλλειν, intrans. fallen, trans. werfen, verbinden. Die vollständige begriffliche Trennung von *gar* und *gal* ist klar, wenn ihre ursprüngliche Gleichheit eingeräumt wird, ich brauche daher nur die Belege für *gal* folgen zu lassen. Sskr. *gal-ati,* herabträufeln, wegfallen, verschwinden, *vi-gal,* sich ergiessen, *gālayati* (caus.), fallen, fliessen machen, *jala,* Wasser, gr. βάλλω, werfen,[1]) εἰσβάλλειν, münden, ἐκβάλλειν, hervorquellen, lat. *volare,*[2]) fliegen, lit. *gal-as,* Ende (Aufhören, Verschwinden) ahd. *quell-an,* quellen, *quāla,* Qual, *qualm* (gewaltsamer) Tod, Ende, ags. *cvealm* gewaltsamer Tod, Mord.

Von *gar,* verschlingen, sind wieder eine Reihe von Nominalbildungen abzuleiten, die theils *r* theils *l* aufweissen, aber immer so, dass die europäischen Sprachen und das Sanskrit in der Bezeichnung für eine bestimmte Sache übereinstimmend immer nur *r* oder nur *l* haben, was sich doch einzig aus schon grundsprachlicher Uebereinstimmung erklären lässt. So stehen nebeneinander die Bildungen:

1) *gara,* verschlingend in compositis.

sskr. *aja-gara,* Ziegen verschlingend = Schlange.

gr. δημοβόρος.

lat. *carnivorus.*

2) *gara,*Verschlungenes,Trank, *gara* n. Trank, Gift.

gr. γάρος, Brühe.

γάρον

(vgl. auch das demin. γάρ-ιον.)

lit. *girà* f. Trank.[3])

Dagegen wieder

gala, das Verschlingende, Kehle.

sskr. *gala* m Kehle.

lat. *gula,* Kehle.

ags. *ceole,* Kehle.

---

[1]) Die Bedeutung fallen ist auch im Griech. älter als die des Werfens. Bei Homer tritt letztere noch gar nicht auf, wie schon Aristarch bemerkt hat. βάλλειν heisst vielmehr bei ihm „treffen, percutere" d. h. also fallen machen, und erst später entwickelt sich daraus die Bedeutung (aus der Ferne) schleudern (vgl. Lehrs, Aristarch). [2]) Beispiele für die Entsprechungen sskr. *j* = gr. β = lat. *v* = grdspr. *gv* (*gar* aus urspr. *gvar,* wie auch die deutschen Formen zeigen) giebt Leo Meyer, Vgl. Gram. 1, 37, wo auch volare hierhergestellt ist. [3]) Fick 60.

an. *kela.*
ahd. *këlâ chëlâ,* Kehle.

Endlich leitet Fick[1]) von *gal,* quellen, das grundsprachliche *gula,* „Ballen Rundes" ab, was aber nicht möglich ist,
da *gal* nicht quellen etwa in dem Sinne von aufquellen
schwellen heisst. Sehr leicht ergiebt sich dagegen der Begriff des Geschwollenseins aus dem Begriff „in sich auf-
nehmen, verschlingen, voll sein", wie auch die Mehrzahl der
anzuführenden Beispiele mehr die Bedeutung eines hohlen, als
gerade eines runden Körpers hat und demnach zu *gar* gehört:
sskr. *gula* m. Ballen, *gulî* f. Kugel, Pille, an. *kula* f. Ballen,
Geschwulst und die gesteigerten Formen sskr. *gola* m
kugelförmiges Gefäss, gr. γαυλός, m. gewölbtes Gefäss,
Melkeimer γαῦλος Kauffahrteischiff, an. *kjölr,* ahd. *kiol
chiol* m. Schiff, Kiel. Hierher auch wohl: sskr. *glau* f.
Ballen, kropfartiger Auswuchs. Einmal wird das
Wort durch *hrdayanâḍî,* Röhren, Gefässe des Herzens,
erklärt[2]), für die gegebene Herleitung aus dem Begriff
hohl sein jedenfalls bestätigend, ahd. *chliuwa cliuwa* f.
mhd. *klûwen* n. Knäuel, Kugel. Mit lat. *gluere,* zusammenleimen, lassen sich hiernach letztere Wörter nicht vereinigen.[3])

Das Altbaktrische hat folgende Entsprechungen: *gar* verschlingen, *gara* m. Gift [siehe oben 2 *gara*][4]).

Bei der völligen Uebereinstimmung dieses Wortes auch
im Suffix mit der grundsprachlichen Form muss es auffallen,
wenn nun auf einmal gegen grundsprachlich *gala* Kehle, ein
ganz anderes Wort auftritt, *garaṅh,* das einem sskr. **garas-*
entsprechen würde, aber nicht etwa aus *gala* mit Zurück-
verwandlung des *l* in *r* entstanden ist. Es zeigt sich deutlich,
dass das Altbaktrische hier die grundsprachliche Bildung völlig
aufgegeben und auf seinem Boden eine Neubildung an deren
Stelle gesetzt hat[5]).

Auch zu den übrigen Nominalbildungen von *gar* habe ich
im Altbaktrischen keine Entsprechungen gefunden, wonach

[1]) p. 64. [2]) Siehe das Petersburger Wtb. [3]) Fick 67. [4]) Justi,
Lexicon. [5]) Vgl. denselben Vorgang bei *reṅj-ya* neben *laghu, vavri*
(reduplicirte Form?) zd. *vaoiri* gegen *valva.*

deren grundsprachliches *l* unangefochten bleibt. Dagegen wird zu *gal* fallen ein unbelegtes *gar* herabfallen, schwer sein angeführt [1]), das sich vielleicht aus dem Zusammenhang mit *garu* erklärt und unserer Wurzel mit *l* nicht zu widersprechen braucht.

15) Wurzel *gvar gval* (Nebenform *gar gal*) trennen sich in der Grundsprache so, dass jene die Bedeutung glühen, diese den Begriff leuchten deutlich markirt.

gvar	gval
gar	gal

sskr. *jvar* fiebern

jvara aufgeregt, m. Fieber

jvarita fieberisch, fieberkrank.

jvaraghna Fieber vertreibend

jûrv durch Gluth verzehren, versengen, verbrennen [2])

gr. *γρύει* glühen

γρῦνός γρουνός Feuerbrand,

lit. *gar-as* m. Dampf

lett. *gar-as* m. Gluth

ksl. *gor-ěti* glühen

gor-ěti sę dampfen. [3])

sskr. *jval* hell brennen flammen

jvala leuchtend glänzend

jvalita leuchtend

jvalana brennbar flammend leuchtend

jvâla m. Licht Fackel

γλῆνος Schaustück, Schmuck

γλήνη Augenstern

γλαυκός glänzend

ksl. *glav-inja* f. Feuerbrand

an. *kol* n. Kohle

ags. *col*

ahd. *chol.* Kohle. [4])

Das slawische *glavinja* sowie die germanischen Wörter für Kohle können natürlich ebensogut vom Leuchten wie vom Glühen benannt sein. Am deutlichsten ist die Trennung im Sanskrit, wo *gvar* fast ausschliesslich von der Fieberhitze gebraucht wird, *gval*, nicht *gvar* vom Leuchten gesagt wird.

Die altbaktrischen Formen siehe bei der folgenden Uebersicht.

16) Nahe verwandt mit der eben behandelten Wurzel ist das weit verzweigte *ghar*, von dem sich schon in der Grundsprache *ghal ghil* getrennt hat. *ghar* heisst vorzugsweise brennen,

---

[1]) Justi 102. [2]) Vgl. das Petersburger Wtb. [3]) Fick 67, wo die Formen mit *l* und *r* vereinigt sind. [4]) Das *o* der german. Formen beweist den Anlaut *gv* (germ. *kv*): *va* wird im Altnord. z. B. nach allen stummen Consonanten zu *o* koma got. *qviman*, vgl. darüber Grassmann Zs. 9 p. 3.

schmelzen, heiss sein, *ghal* besonders leuchten, doch ist die Trennung nicht deutlich durchgeführt und desshalb kein Gewicht darauf zu legen, wegen der lautlichen und begrifflichen Uebereinstimmung des Sanskrit und der Europ. ist aber kein Grund vorhanden, an dem grundsprachlichen *ghal* zu zweifeln.

ghar

sskr. *ji-ghar-ti* schmelzen, brennen, leuchten, ersteres in Ableitungen *ghṛ-ṇa ghṛ-ṇi* m. Hitze *ghṛ-ta* geschmolzene Butter *gharma* warm

gr. χάϱμη eigtl. Gluth, dann Kampf[1])

lit. *żer-iù żer-éti* glänzen schimmern

ksl. *zr-éti* βλέπειν ϑεωρεῖν ὁϱᾶν ἀτενίζειν[2]) also eher zu „leuchten“ als zu „glühen“, dagegen *gor-éti* brennen *gréti* wärmen *gorĭku* amarus *žaru* Hitze, *žara* Sommerhitze.[3])

ghal (ghil)

sskr. *jhal-ā* Licht Sonnenschein *jhal-â* Licht Sonnenschein dazu χάλι Wein[4]) *ghil,* europ. *ghli* sskr. *jhill-ikâ* Licht Wärme gr. χλίω warm werden, schmelzen χλιαϱός lau χλιαίνω wärmen as. *glî-mo* sw. m. Glanz Schimmer ahd. *glî-mo* Glühwürmchen.

Obgleich die beiden vorstehenden Wurzeln mit *gvar gval* zusammenhängen, trennt sie Fick doch mit Recht davon, weil das *v* hier nicht mehr hervortritt. Sskr. *jh* gegenüber gr. χ = grdspr. *gh* glaube ich rechtfertigen zu können durch sskr. *jharjhara* 1) eine Art Trommel 2) N. pr. eines Flusses; neben *gharghara* 1) Geknister, Gerassel 2) N. pr. eines Flusses, die unzweifel-

---

[1]) Curtius 188. [2]) Miklosich 233, während Fick „glänzen“ angiebt. [3]) Peters Wtb. unter *ghar,* ksl. *goréti* gehört vielleicht noch richtiger zu *gvar* Nr. 15, vgl. dies. [4]) χαλι vergleicht Sonne Zs. 10, 98 mit *ghar,* aber auch mit χϱω in χϱωματ- und mit χϱῡσός, Zusammenstellungen, die durch die verschiedenen liquidae, die verschiedene Stellung derselben, die freilich in dieser Arbeit auch noch nicht überall berücksich-

haft auf *ghar* rauschen, lärmen zurückgehen ¹), wonach auch *ghar* glühen, *ghal* leuchten als von ein und derselben Wurzel abgeleitet betrachtet werden dürfen.

Die obige Zusammenstellung hat das hierher gehörige Material bei weitem nicht erschöpft. Sie macht nur den Versuch, durch Trennung der Formen nach den beiden liquidis auch die Entwicklungsreihe der Bedeutungen besser anschaulich zu machen, als die Identificirung von *r* und *l* es ermöglicht. Weggelassen sind z. B. die Bezeichnungen für glänzende Farben und für Gold, für die Fick ²) ein reiches Material beigebracht hat, wobei aber das *l* erst auf europäischem Boden erscheint, gegenüber dem arischen *r*.

Im Altbaktrischen findet sich zu dieser Wurzel das unbelegte *gar,* brennen, leuchten.

In naher Beziehung zu *ghar,* glühen, steht, wie auch Curtius³) bemerkt, grundsprachliches *ghar,* begehren, ferner scheint mir das bei Fick unter *ghil*⁴) Zusammengestellte eben diese Wurzel als grundsprachlich in der Bedeutung „heiter sein" zu erweisen. Demnach sind noch folgende Formen zu erwähnen.

---

tigt werden konnte, die völlig verschiedenen Vocale alle Ueberzeugungskraft verlieren, überdies scheint wenigstens χρυσός schon zu einer durch t weitergebildeten Wurzel zu gehören, vgl. Curtius 193; Fick 446, wo allerdings *lutum* wieder mit Unrecht verglichen wird. (Nach einer Privatmittheiluug, die ich der Güte des Herrn Professor Dr. Benfey verdanke, ist χρυσός von diesen Wörtern gänzlich zu trennen und aus dem Assyrischen *hurasu* hebr. ץורָח entlehnt.) ¹) Demnach zu 6 *ghar* bei Fick 69. Bei dieser Gelegenheit bemerke ich, dass die Zusammenstellung bei Fick unter 4 *ghar* sich biegen, schwanken, stürzen völlig unhaltbar ist, *jhar* herabfliessen ist nach dem Petersb. Wtb. wohl Denominativ von *jhara jharî* Wasserfall Fluss, die mir mit dem oben erwähnten *jharjhara* Trommel zu verbinden und von *ghar* lärmen abzuleiten scheinen. Demnach gehören sie erstens nicht zu *hvar hval* sich beugen fallen, mit denen sie auch lautlich unvereinbar sind; denn nach Benfey Glossar zur Chrest. ist *hvar* ꞊ *dhvar,* wie auch des Petersb. Wtb. annimmt, zweitens nicht zu den griech., lat., slaw. und germ. Formen, welche krumm sein bedeuten, diese aber wiederum ihres Anlauts wegen (g u. χ) nicht zu sskr. *hvar hval,* und somit fällt die ganze Zusammenstellung, welche sonst ein grundspr. *ghval* beweisen würde. ²) In Kuhns Beiträgen Bd. 7, 360. ³) 188. ⁴) p. 71.

Heymann, das *l* der indog. Spr.   4

Zu *ghar*, begehren, gern haben.
sskr. *har-yati*, gern haben, lieben.
gr. χαίρω, freue mich.
χάρ-ις, Gunst.
χάρ-μα, Freude.
osk. *her-est* umbr. *her-iest*
volet.[1])
ssk. *Herentatis* Venus.
lit. *gor-ŭti*, lüstern sein.
got. *faihu-gairns*, geldgierig.
ahd. *ger giri*, begierig.
gërôn kërôn, begehren.
as. *gërno*, begierig, gern.

ghil, lustig sein.
sskr. *hil-ati*, üppig sein, tändeln.
helâ-helana, Lust, Uebermuth.
gr. χλ-αρός, heiter (vgl. χλιαρός lau.)
lat. *hĭlăris*, *hĭlarus*, heiter =
gr. ἱλαρός;[2])
hel-uo, Prasser.
hel-uari, prassen.
ahd. *geil keil*, lustig.
got. *gailjan*, erfreuen.

ghar, begehren, und *ghil*, lustig sein, scheinen mir am richtigsten beide unmittelbar aus *ghar*, glühen, abzuleiten, nicht etwa *ghil* aus *ghar*, begehren[3]). Als Ausnahme zu der hier wieder sehr augenfälligen Trennung der Formen mit *l* und *r* gehört das von Curtius mit ? verglichene ksl. *žel-ĕti*, *žel-ati* cupere, velle hierher, wenn es sich nicht etwa anders erklären lässt.

Das Altbaktrische bietet folgende Formen[4]): *zar*, ergreifen, vereinigen, zugethan sein, *zara* m. Bund, *zaraṅh* n. Ergebenheit. Die Vereinigung der auch *ghar* zukommenden Bedeutung zugethan sein mit der Bedeutung ergreifen in *zar* hebt die Bedenken von Curtius[5]) gegen die von Corssen verglichenen Wörter sskr. *har-* nehmen, *har-ana* n Hand, gr. χείρ u. s. w.[6])

Etwaige Entsprechungen zu Wurzel indog. *ghil* habe ich im Altbaktrischen nicht gefunden.

17. Die Wurzel *ghlâd ghlid*, strotzen, übermüthig sein, höhnen[7]) ist jedenfalls als aus *ghar ghil* weitergebildet anzusehen; aber am richtigsten scheint mir auch für sie eine

---

[1]) Das bei Curtius verglichene *gratus* passt des Anlauts wegen nicht hierher und gehört mit Fick 61 zu *gar* rufen, rühmen, danken. [2]) Aus dem Lateinischen entlehnt? da ʻ nicht = grdsp. *gh*. [3]) Letzteres Fick 71. [4]) Justi 121. [5]) p. 187. [6]) Curtius p. 188. [7]) Fick 73, vgl. Curtius 191, wo aber auch Formen ohne *d* verglichen sind.

Grundform *ghrâd* vorauszusetzen. Eine solche findet sich wirklich als Weiterbildung zu *ghar*, tönen[1]). Da nun gewiss die verschiedenen Bedeutungen dieser Wurzel „tönen, glühen, begehren, fröhlich sein" als in einer Wurzel vereinigt zu denken sind, so dürfen auch ihre Fortbildungen *ghrâd*, rauschen, tönen, *ghlâd ghlid*, sich freuen, strotzen, glänzen, als bedeutungsverwandt zusammengestellt werden. Jedenfalls existirte vor der Sprachtrennung sowohl *ghrâd* als *ghlâd*, nur in der liquida verschieden und mit der angegebenen Bedeutungsdifferenz.

ghrâd		*ghlâd ghlid.*
sk.	*hrâd-ate*, tönen.	*hlâd-ate*, sich freuen.
	hrada, Teich.	*hlâd-a* m. Freude.
	hradinî, Fluss.	gr. *κέχλαδα*, strotzen.
	hrâd-anii, Donnerkeil.	lit. *glaudas* ? m. Lust, Kurz-
	hrâduni f. Unwetter.	weil.
gr.	*χαράδρα*, Giessbach.	ksl. *glęż-dą,*
	χάλαζα, Hagel.	*ględ-êti*, sehen.
lat.	*grando* f. Hagel.	lit. *glod-as*, glatt.
ksl.	*grad-ŭ* m. Hagel.	ksl. *zladŭ-kŭ*, glatt.
got.	*gret-an.*	ahd. *glanzjan*, glänzend
an.	*grâta*, weinen, klagen.	machen.
mhd.	*grâzen*, schreien, toben.[2])	mhd. *gland-er*, glänzend.[3])

Auf die Nebenform *ghlid* weisen folgende Formen hin: sskr. *hiḍ hiṇd-ate*, übermüthig sein, höhnen, *heḍ-ate, hel-ate,*

---

[1]) Fick 72. [2]) Dagegen muss ich an. *gelta* ahd. *gëlzôn këlz-ôn* schreien gegen Fick 72 hiervon trennen, da nicht blos die liquida gegen den Vergleich spricht, sondern die Stellung derselben hinter dem Anlaut schon grundsprachlich gewesen sein muss, wie alle hierhergehörigen Formen zeigen. Das t dürfte eine speciell germanische Weiterbildung sein und die Wörter mit *gal-an* schreien, singen u. s. w. F. 743 zusammengehören. [3]) Hierher gehören noch folgende Formen: an. *gladr* ags. *glâd* glänzend, fröhlich ahd. *glat clat* fröhlich, *clata -muoti* fröhlich, die Curtius 191 der mangelnden Lautverschiebung wegen zurückweist. Aber gerade die alte *media* bleibt häufig unverschoben, besonders im Inlaut, nicht so häufig im Anlaut. Vgl. Lottner Ausnahmen der ersten Lautverschiebung Zs. 11, 201, wo gerade diese Beispiele angeführt sind.

4*

gering achten, gr. χλῐδή, Ueppigkeit, Lust, χλιδάω, prunken, got. *glit-munjan*, glänzen, ags. *glit-an*, ahd. *gliz-an cliz-an*, glänzen. Aus dem Altbaktrischen gehören zu *ghrâd* tönen: *zrâd* rasseln (unbelegt), *zrâdha* m. Kettenpanzer[1]), zu *ghlâd (ghlid)* fehlen die Entsprechungen.

18. Dass eine Wurzel *dar*, daneben aber auch *dal* in der Grundsprache bestanden habe, scheint mir durch schlagende Uebereinstimmung der europäischen Sprachen mit dem Sanskrit besonders im causale von *dal* erwiesen, obgleich eine begriffliche Trennung nicht behauptet werden kann, die sehr deutlich erst auf europäischem Boden, wie später zu zeigen ist, hervortritt.

sskr. *dar*, sprengen, bersten machen 2) bersten.	sskr. *dal*, bersten, aufspringen.
Passiv *dīryate*, sich spalten, auseinanderstieben, sich fürchten.	*dala*, abgerissener Theil, Stück.
dirṇa, furchtsam.	caus. *dalayati* } *dālayati* } aufspringen
darita, furchtsam, feige.	machen, vertreiben.
daraṇa n. das Bersten, Springen.	*dalita*, zerstreut, vernichtet.
dāraṇa, bersten machend, zerspaltend.	*dalana*, bersten machend, subst. das Berstenmachen, Zersprengen.
gr. δέρω δείρω, δαίρω, schinde.	gr. caus. δηλέεται.
ksl. *der-q drati, dĭrati*.	lat. *dêleo*, zerstören.[2])
lit. *dir-iù*, schinde.	lit. *dyl-iù, dĭl ti*, schwinden.
got. *galair-a* spalten, zerstören.	
as. *ter-an* } auflösen, zerstören. ahd. *zër-an* }	

Altbaktr. *dar*, trennen, schneiden, *darena* f. Spalte, Riss, Schlucht.

19. *bhal*, hell sein, sehen, könnte man sich auf dreierlei Weise entstanden denken 1) indem *l* als Determinativ an eine ältere Wurzel (*bhâ?*) getreten wäre. Da aber *l* sicher der

---

[1]) Siehe Justi. [2]) Fick 92.

jüngste Laut der Grundsprache und nur vor der Sprachtrennung entstanden ist, so wird diese selbständige Verwendung des *l* schon in der Grundsprache sehr unwahrscheinlich,
auch widerspricht das lange *â* von *bhâ* der Herleitung. 2)
als Denominativ von *bhāla* Glanz[1]), woran aber wieder das
lange *â* hindert. 3) aus einer Wurzel *bhar*. Diese setzt
Fick[2]) in der Bedeutung leuchten wirklich an. Sie wäre
vielleicht aus den Weiterbildungen *bharg bhark* zu erschliessen,
müsste aber in Wirklichkeit schon in der Grundsprache spur-
los verschwunden sein, da keine Sprache, soweit wenigstens
die vergleichenden Wörterbücher zeigen, Etwas davon erhalten
hat.[3]) Mir scheint eine Herleitung möglich, für die bessere
Belege vorhanden sind. Die Bedeutung leuchten entwickelt
sich bekanntlich aus der einer schnellen Bewegung.[4]) Betrachten wir nun die Wurzel *bhur* „zucken“, die Fick[5]) sehr
entsprechend aus *bhar* tragen = heben herleitet, so muss
zugegeben werden, dass, was dort geschehen ist, auch bei
bhal der Fall sein kann, d. h. dass es in der Bedeutung
zucken, flimmern = leuchten von *bhar* heben abgeleitet sei.
Dazu kommt, dass das medium von *bhar* wirklich wie ferri
sich schnell hinbewegen heisst[6]), ferner im Altbaktrischen
sogar das Aktiv[7]) *bar* dahinfahren, reiten bedeutet, ferner 3.
plur. praes. *bareñti* impersonell „es weht“, vgl. *vâtô baraiti*
der Wind entführt u. s. w. Demnach glaube ich, dass *bhal*
zucken leuchten von *bhar* heben herzuleiten und schon in der
Grundsprache die lautliche und begriffliche Trennung beider
Wurzeln eingetreten sei. Es genügt hier wohl, die zu *bhal*
gehörigen Formen anzuführen.

sskr. *bhal-ate ni-bhālayati* wahrnehmen, *nis-bhal*, betrachten[8]).
bhala enklit. Partikel „gewiss“, das im *RV* vorkommt,
vergleicht das *P.W.* mit dem gleichbedeutenden *baṭ*,
es passt aber lautlich und begrifflich (etwa so: „klar
= offenbar = gewiss“) sehr gut hierher. *bhāla* n.
Glanz, *nibhālana*, das Sehen. gr. φαλός φαλιός

---

[1]) So Fick 139, anders 941. [2]) p. 1035. [3]) Oder darf gr. φάρος
Leuchtthurm verglichen werden? [4]) Vgl. z. B. oben sskr. sphar (Nr.
12). [5]) p. 951. [6]) Ṛ V 1, 104, 4 vgl. das Petersb. Wtb. [7]) Justi 210.
[8]) Petersb. Wtb. im Nachtrag Bd. 5.

φαλαρός, hell, weiss, κύματα φαληριόωντα, Wellen
mit weissen Köpfen, hierher wohl lat. fulmen[1]), in
der Bedeutung sehen gr. παμφαλάω, sehe mich um.
lit. *bâl-ù* weiss werden, *bălaú bálti* dass., *baltas*
weiss, ksl. *bĕl–ŭ* weiss, lett. *bâl-as*, bleich blass, an.
bal, n. Scheiterhaufen, ags. *bael,* n. Scheiterhaufen,
Flamme, Gluth[2]). Hierher oder zu *bha* leuchten
gehören auch die Bezeichnungen für Stirn:
sskr. *bhala* n. gr. φάλος, Stirnstück am Helm, φάλαρα n.
Stirn = Backenstücke, ags. *bell bael,* Stirn.
Entsprechungen zu *bhal* fehlen im Altbaktrischen.

20. Als Weiterbildung zu *bhar bhal* ist noch zu erwähnen *bhark,* woneben das daraus entstandene *bhrâk*[3]) und
noch *bhlâk* für die Grundsprache angesetzt werden müssen.
Dass *bhark* in der Bedeutung leuchten für die Grundsprache noch nachzuweisen ist[4]) soll gleich die Uebersicht
der Formen zeigen, dass es aber ursprünglich „sich schnell
bewegen, taumeln, fallen" hiess, lehrt das Sanskrit.
Dort heisst das reichbelegte *bhraç, bhraṁç* fallen, daneben
führt aber das Petersb. Wtb. aus dem *Dhâtupâṭhas* eine
Wurzel *bhraṁç* „leuchten oder sprechen" an, die offenbar mit
unserer Wurzel identisch ist. Die Stellung der liquida in
bhraç ist als nach der Sprachtrennung im Sanskrit eingetreten zu betrachten und weist auf grundsprachliches *bhark* hin;
denn die schon grundsprachliche Versetzung des *r* würde
Längung des Vocals zur Folge gehabt haben, wie mir die
eben angeführten Beispiele, worunter *bhrâk* wirklich vorhanden ist, zu beweisen scheinen. Vielleicht erläutert das altbaktrische *baráç* taumeln den Vorgang, hinter das *r* in *bhark*

---

[1]) *flâmen* mag des langen *a* wegen mit Corssen Beitr. 380 zu grdspr.
bhrâg gehören, aber *fulmen* gewiss nicht. Uebrigens ist weder hier,
noch in den übrigen von Corssen a. a. O. angeführten Beispielen das
l auf lateinischem Boden entstanden, wie Corssen annimmt. [2]) Fick
137, vgl. 811. [3]) Vgl. zu dieser eigenthümlichen schon grundspr. Ver-
längerung *prä* füllen aus *par*, *ghrâd* und *ghlâd* aus *ghar+d*, *bhrâ* in
bhrâ-tar aus *bhar*, *drâ* laufen aus *dar* auseinanderstieben (Fick 97) u.
s. w. [4]) Bei Fick fehlt diese Form, ist aber jedenfalls die ursprünglichste.

tritt ein Hülfsvocal, dieser wird verlängert (wohl unter Einfluss des Accents), schliesslich fällt der ursprüngliche Vocal aus, und die liquida steht nun vor dem langen Hülfsvocal. Die schwer verständliche Metathesis wäre durch diese Erklärung beseitigt.[1]) Darnach wäre die Entwicklungsreihe grdspr. *bhark bharak bharâk* (altb. *barâç*) (vgl. dasselbe in *bhrâg*, sskr. *bhrâj*, altb. *barâz*, leuchten), *bhrâk*. Auch *bhlâk* darf man noch als indogermanisch ansehen, wegen der Uebereinstimmung des Sanskrit mit dem Litauischen und Slawischen bis auf die Vocale, ferner aber wegen der hier vielleicht schon in der Grundsprache anzunehmenden Berührung mit den durch ursprüngliches *g* weiter gebildeten Formen, die z. B. im Germanischen so gut zu unserer Wurzel stimmen, dass man wieder an eine Störung der Lautverschiebung, die aber vielleicht in jenem uralten Zusammenhang von *bhrâk bhlâk* mit *bhrâg* *bhlâg* ihren Grund hat, denkt. Eine begriffliche Trennung der Formen nach den verschiedenen liquidis kann ich nur im Sanskrit behaupten, was aber zur Unterstützung der Annahme von grundsprachlichem *bhlâk (bhlâg)* wesentlich beiträgt.

bhark dann *bhrâk*	*bhlâk*
ssk. *bhraç bhramç,* fallen,	sskr. *bhlâç-ate,* blinken
(*bhramç,* leuchten.)	(= *bhrâç-ate*)
altb. *barâç,* taumeln.	ksl. *blisk-u* m. Glanz.
gr. φορκός, weiss.[2])	lit. *blak-stena* f. Augenwim-
got. *bairhts,* hell.	per.
ags. *beorht byrht.*	
an. *bjartr björt.*	
bjart, licht, hell.	
birta, klar machen, er-	
hellen.	
birti f. Glanz.	
ags. *beorhtm* u. A. Glanz.	

---

[1]) Uebrigens hat diese Auffassung, zu der viele Beispiele besonders im Altbaktrischen fast nothwendig drängen, bereits Benfey Or. und Occ. Bd. 3 ausgesprochen, und neuerdings ist Siegismund in Curtius Studien 5, 130 darauf im Wesentlichen zurückgekommen. [2]) Hesych kl. Ausg. 1531 hat die Bedeutungen λευκόν, πολιόν, ῥυσόν.

ahd. *peraht*⎫
mhd. *berht* ⎰ glänzend.[1]

dagegen

sskr. *bhrâç*, flimmern, leuchten.

got. *brah-va,* Blinken.

lit. *brĕk-sz-ta,* es dämmert.[2]

Zum Vergleich mögen hier noch die Wörter mit grundsprachlichem *g* aufgeführt werden, bei denen aber im Sanskrit kein *l* sich findet.

sskr. *bhrāj*-ate, strahlen, glühen, altb. *barāz-aiti,* leuchten,
gr. φλέγω u. s. w., lat. *flagrare,* lit. *bliz, gù, bliz-
geti*[2]) glänzen, ags. *blĭcan,* glänzen, as. *blêk,* ags.
blâc, ahd. *pleih,* glänzend, as. *bliks-mo* m. Blitz.
Daneben läuft als einzelne Ausnahme mit *r* gegenüber den Formen sämmtlicher europäischer Sprachen
mit *l* das mhd. *brehen* her, bei dem doch aber eben
desshalb wohl ein Stocken der Lautverschiebung anzunehmen ist, so dass es zu *bhark bhrâk* gehört.

21. *mil* in griech. μείλιχος u. s. w. erklärt Curtius[3]) aus
einer Grundform *marl,* aus welcher sskr. *mṛḍ.* entstanden sei.

---

[1]) Dieffenbach vergleichendes Wtb. 1, 265. [2]) Nach Ficks Untersuchungen über das *k* müsste das litauische Wort hier gestrichen werden, da sskr. altb. *ç* nicht = lit. *k* sondern = lit. *sz* (ksl. s) ist; einen
Ausweg fänden wir hier, wenn wir mit Curtius 178 das *k* aus *g* entstanden sein liessen und das Wort also zu *bhrâg* stellten. Aber Folgendes spricht dagegen. Nach Schleicher Lit. Gram. p. 72 § 24 wird
dem wurzelhaften *k* bisweilen *sz,* dem *g* ein (aus *s* entstandenes) *z* vor-
geschoben, wenn ein Vocal folgt; wenn dagegen ein Consonant folgt (*t*)
so kommt *sz s* nach dem Guttural zu stehen. In *brĕk szta* ist nun eben
sz eingeschoben, nicht *z,* also hatte die Wurzel *k,* nicht *g,* und dazu
kommt noch, dass die Wurzel *bhrâg* im Europäischen nur durch Formen
mit *l* reflectirt zu werden scheint. Demnach scheint hier wirklich eine
Ausnahme zu der von Fick aufgestellsen Regel vorzuliegen, indessen
bin ich weit entfernt, hier entscheiden zu wollen. In *bliz, gù* ist nach
obiger Regel also *z* eingeschoben, auch die liquida und media stimmen
zu den übrigen europäischen Formen. (Vgl. noch Nr. 2.) [3]) Gr. Et.
307. Die Schreibweise sskr. *mard* bei Curtius ist Versehen. Jene
Wurzel existirt auch, aber in anderer Bedeutung als *mard* im Sanskrit,
beweist aber eben, dass dieses mit seinem lingualen *ḍ* eine davon völlig
verschiedene Bildung ist.

Die Verbalformen von Wurzel sskr. *mṛḍ* haben im *ṚV* meist das linguale *ḷ*; *ḍ* zeigt sich in *marḍitar* Einer der Gnade übt, Erbarmer *(ṚV)*, daneben *mṛḍi-tar (AV)*, *ḷ* dagegen in *mṛḷīka*, woneben wieder *mṛḍika*, Erbarmen *(Unādis.)* angeführt wird.[1]) Es fragt sich zunächst, ob *mard*[2]) gnädig sein (sskr. *marḍ mṛḍ*) überhaupt eine grundsprachliche Wurzel ist. Wir haben hier einmal ein Beispiel einer nur durch das Altbaktrische klar zu legenden Bildung. Alle Zweifel heben sich sogleich, wenn wir die identischen Wörter sskr. *mṛḍika mṛḷīka*, Erbarmen, altb. *marzhdika* n. Barmherzigkeit == *merezhdika* n. Mildthätigkeit mit einander vergleichen. Es zeigt sich daraus, dass im Sanskrit der dem altb. *zh* entsprechende Laut ausgefallen ist. Altb. *zh* vor *d* ist aber ein umgewandeltes *s*.[3]) Wir können demnach aus altb. *marzh merezh* ein ursprüngliches *mars* herstellen, das in der indog. Grundsprache in der Bedeutung vergessen auftritt, aber erst zur Zeit der arischen Spracheinheit durch *dhâ* setzen weitergebildet wurde[4]), also *mars-dhâ*, verzeihen, sskr. *marḍ mṛḷayati-* altb. *marezh, dâ*, verzeihen[5]).

Griechisch *μείλιχος* hat hiermit also nichts zu thun, ebensowenig aber got. *milds*, das nachher noch zu besprechen ist.

Mit Recht hat Fick zu *μείλιχος* u. s. w. sskr. *mil-ati*,

---

[1]) Siehe das Petersb. Wtb. [2]) Von *marl* als grundsprachlicher Wurzel kann gar keine Rede sein, da eine solche Form oder vielmehr *mṛl* in *mṛl-ayati* eine speciell sanskritische Bildung ist. [3]) Justi p. 363 § 83,9. [4]) Vgl. die Regel, wonach im Sanskrit vor suffix anlautendem *dh* ein *s* meist eingebüsst wird Benfey Vollst. Gr. § 62 Bem. 2 und Kurze Gr. p. 75, also z. B. *âdhvam* für **âs-dhvam*. [5]) Ich habe diese Etymologie bei Fick 295 gefunden, doch hat sie schon Benfey Geschichte der Sprachwissenschaft p. 63 angedeutet und, wie ich erst nachträglich sehe, in der Abhandlung über Jubeo und seine Verwandte (Abhandlungen der Gött. Ges. d. Wiss. Bd. 16) Separatabdruck p. 25 ff. ausführlich dargelegt. Zu bemerken ist noch, dass eine Weiterbildung mit *dhâ*, nicht etwa durch *d*, wie das Sanskrit glauben machen könnte, deutlich erkennbar ist in dem bei Justi 228 angeführten *marezhdâtâ* 2. plur. imper. mit langem *â* in *dâ*. Dies ist um so beachtenswerther, weil nach diesem Beispiel auch in andern Fällen das Wurzeldeterminativ *dh* als Ueberbleibsel von *dhâ* angesehen werden darf. Neuerdings bezweifelt dies Windisch Zs. 21,397.

begegncn, *mela,* Verkehr gestellt.[1]) Dagegen kann ich seiner
Herleitung aus *mi* tauschen, verkehren[2]) nicht beistimmen.
Einmal würde dadurch wieder dem *l* als selbständigem Determinativ in der Grundsprache ein zu hohes Alter zuerkannt;
aber ausserdem lassen sich die hierhergehörigen Formen nicht
daraus erklären. Besonders beachtenswerth scheint mir nämlich eine nur von Benfey[3]) verglichene Form zu sein, nämlich μειλίχη der weiche Riemen der Faustkämpfer. Aus der
Grundbedeutung „tauschen verkehren" lässt sich der diesem
zu Grunde liegende Begriff weich sein nicht herleiten, wohl
aber umgekehrt aus der Grundbedeutung

reiben = in Berührung kommen.

die Begriffe 1) weich sein. 2) verkehren, übertragen freundlich,
gnädig sein.

Suchen wir nun wie in den bisher aufgeführten Fällen
für die Grundbedeutung unserer Wurzel wie oben angegeben
eine Berührung mit einer *r* statt des *l* aufweisenden Wurzel,
so finden wir diese in *mar,* zerreiben.[4]) Der Zusammenhang
beider Wurzeln wird ganz unzweifelhaft erwiesen, wenn man
noch weiter berücksichtigt, dass 1) *mar,* zerreiben, in der Bedeutung sudeln, schwärzen[5]), die fast nur noch in nominibus
mit der Bedeutung Farbe, Schmutz, auftritt, wirklich *l* entwickelt hat, eine Bedeutung, die zusammentrifft mit der von
sskr. *melā,* Schwärze zum Schreiben, Augensalbe, so dass
jenes *mal* und *mil* auf Engste zusammengehören, 2) wie *mar*
im griech. μάρνασθαι zu der Bedeutung „aneinandergerathen,
kämpfen" gelangt, so auch *mil* feindlich zusammenstossen
heisst.[6]) Demnach existirten in der Grundsprache vorzugsweise
durch die verschiedenen liquidae getrennt folgende Wurzeln:

mar, zermalmen, reiben.	*mal,* zerrieben sein,
(2. aufreiben, sterben.)	weich sein
sskr. *mar,* zermalmen, cet.	= *mil,* 1) weich sein,

[1]) p. 150. [2]) p. 941. [3]) Gr. W. L. 1,500, wo auch die Bezeichnungen für Honig, für Biene verglichen sind, gr. μέλιτ-, lat. *mel mellis,*
f. got. *militha.* Bedeutungsübergang etwa: weich, mild, süss, welche letztere
Bedeutung ja auch in μείλυγμα das Versüssende, Leckerbissen und andern
Ableitungen hervortritt, vgl. auch Fick 385. [4]) Fick 1 und 2 *mar* p. 148.
[5]) Fick p. 151. [6]) Petersb. Wtb. Bd. 5 Spalte 783.

gr. μάρνασθαι, kämpfen. Bedeutung sterben s. Nachweise bei Fick.

freundlich } sein. gnädig }

2) in Berührung kommen, verkehren.

sskr. *mal-a*, Schmutz, Lehm, Sünde.

malina, schwarz, schmutzig.

gr. μέλας, schwarz.

μαλίρ, kimolische Erde.

lat. *măl-us*, schlecht.

lit. *mol-is*, Lehm.

got. *mail*, Maal, Runzel.

ahd. *meil*, Flecken u. s. w.

Zu indog. *mil*, das keineswegs, besonders der Verwandtschaft mit *mal* wegen, als auf schwachen Füssen stehend zu bezeichnen ist, gehören die Wörter sskr. *mil-ati*, sich vereinigen, gesellen, begegnen, *mil ana*, Zusammentreffen s. v. a. „Berührung"[1]), *parimilana*, Berührung (*melā*, Schwärze zum Schreiben, Augensalbe), *mela* m. Verkehr, gr. μείλιον, Liebeszeichen, μείλιχος, freundlich, ὅμιλος conventus, ὁμῑλία, Verkehr, ὁμῑλέω, verkekren, lat. *mil-it* m. Kriegsgesell, lit. *mýliu*, liebe, *meil-ùs*, lieblich, *méilé* (für *meilja*) Liebe, ksl. *milŭ*, mitleidig, *mil-ovati*, bemitleiden, *mil-ostĭ*, Mitleid.[2]) Gotisch *mild-itha* f. Milde, *unmilds*, lieblos, ahd. *milti* largus, munificus, as. *mildi*, an. *mildr*[3]) dass. gehören ihres *d* wegen zu indog. *mardh* weich, schlaff werden, das unzweifelhaft aus *mar*+*dh* gebildet ist, ihrer Bedeutung wegen passen sie ebensogut zu *mil*, womit sie Curtius verbindet, zeigen daher ebenfalls noch schlagend den Zusammenhang von *mar* und *mil*.

Im Altbaktrischen endlich finden sich zahlreiche Entsprechungen zu *mar*, keine zu *mal* und *mil*.

22. Eine begriffliche Trennung der Wurzel *val* von *var* warm sein scheint mit Sicherheit nur nachweisbar in den

---

[1]) So das Petersb. Wtb. [2]) Curtius 307 vergleicht mit Pott noch die Anrede ὦ μέλε Lieber, welches als auf *mal* zurückgehend die Identität von *mal* und *mil* noch weiter beweisen mag. [3]) Dieffenbach 2,69.

germanischen Sprachen, wo *val* nur zur Bezeichnung der
wallenden Bewegung sowohl des Feuers als des Wassers, der
Wellen gesagt wird und daher in nahe Beziehung zu dem
ganz anders abzuleitenden, aber ebenfalls eine Bewegung be-
zeichnenden unter Nr. 11 behandelten *val* tritt. *var* ist für
die Grundsprache kaum noch nachweisbar, muss aber aus den
europäischen Spuren erschlossen werden.

var, warm sein.	*val,* wallen.
sskr.[1])	*ul-kā,* Meteor, Feuer-
lit. *vér-du vir-iaú vìr-ti,*	brand.
kochen.	*ulkushī,* Meteor, Feuer-
ksl. *var-ŭ* m. Hitze.	brand.
vr-jǫ vrěti, wallen,kochen.	*ulmuka* n. Feuerbrand.
got. *varm-jan,* wärmen.	ϝαλέα, attisch.
an. *verma,* wärmen.	ἀλέα εἴλη.
as. *vermian* von *warm*	ἀλέα, Sonnenwärme.
an. *varmr, vörm, warmt,*	lak. βέλα, dass.
warm.	got. *vul-an,* wallen, heiss sein.
as. *warm,* ags. *vearm.*	an. *vellan,* wallen, kochen.
ahd. *waram,* warm.	as. *wallan,* ahd. *wallen,* wal-
	len, sprudeln.
	ags. *vylm* m. Wellen, Wogen,
	Brandung.[2])

Aus dem Altbaktrischen vergleicht Bugge *varecaṅh,* Glanz,
das man nicht von *var,* heiss sein, wenn man es durch die
Bedeutung glühen, glänzen vermittelt, zu trennen braucht.
Demnach ist aber auch nicht einzusehen, warum das gegen
var viel besser bezeugte *val* nicht grundsprachlich sein sollte.

23. *ghrap ghlap* sprechen, tönen. Diese beiden Wurzeln
sind als identisch anzusehen; aber zu beachten ist, dass ersteres bis jetzt nur im Sanskrit nachgewiesen ist, in den europäischen Sprachen nur die Form mit *l* vorliegt. Mir scheint

---

[1]) Bugge Zs. 20, 3 stellt sskr. *rŭra* hitzig, (vom Fieber) hierher,
das er aus *var* entstanden glaubt wie *lupus* aus *varka,* wo bekanntlich
ein europäisches *vluka* vorauszusetzen ist, dessen *v* vor *l* abfiel. So
erklärt Bugge auch *rūpá* aus vedischem *várpas* n. Gestalt Bild durch
Einfluss des hier vor unsern Augen wechselnden Accents. Damit wäre
auch *var* im Sanskrit belegt. [2]) Fick 182 vgl. 870, 871.

hier wie in manchen andern Fällen, wo das *l* mit *r* völlig
identisch ist, aber zugleich vom *r* nur noch Spuren vorhanden
sind, der deutliche Beweis vorzuliegen, dass eigentliche Doppel-
formen nicht lange im Laufe der Sprachgeschichte nebeneinander bestehen bleiben, und im vorliegenden Falle muss
eine sehr frühe bereits in der Grundsprache eingetretene Verdrängung des *r* durch das *l* angenommen werden.

sskr. *hrap-ayati, hlap-ayati, hrap-hlapayati*[1]) sprechen, tönen,
lit. *žlep-teréti,* leise reden, an. *gjâlfr*[2]) m. Lärm, Brausen,
as. *galpôn,* laut rufen, sich brüsten[3]), *gelp,* ahd. *gelph,*
ags. *gilp,* Trotzrede vor einem Kampfe, as. *gelp-quidi,* ags.
gilp-cvide, Trotzrede. Da grundsprachlich *gh* wohl zu
sskr. *jh* wird (vgl. Nr. 16), für die Entsprechung von *j*
aber wohl keine sichern Beispiele vorliegen, so glaube
ich sskr. *jalp* hier weglassen zu müssen.

24. Dasselbe Verhältniss wie in der eben besprochenen
Wurzel zeigt sich in grundspr. *righ* und *ligh.*

Ein begrifflicher Unterschied der beiden Wurzeln ist
nicht zu finden, sie sind völlig identisch; aber *righ* wäre gar
nicht für die Grundsprache nachzuweisen, da es nur im Sanskrit, ja sogar nur in den Veden auftritt, wenn es nicht als
Axiom angenommen wäre, dass für jede grundsprachliche
Wurzel mit *l* eine ältere Form mit *r* vorausgesetzt werden
müsste. Als eigentlich grundsprachliche Form muss demnach
ligh, lecken, angesetzt werden, und das vedische *rih* ist, wenn
wir einmal bei dem Leugnen eines Uebergangs von *l* in *r*
bleiben wollen, als letzte Spur der bereits in der Grundsprache völlig verdrängten ältesten Form unserer Wurzel anzusehen. Hierher gehört Folgendes:

vedisch *rih-ati* und *relhi,* lecken, belecken, liebkosen.

sskr. *ledhi,* lecken, im nachvedischen Sanskrit reichbelegt;
lih, leckend, in vielen compositis.[4])

---

[1]) Vgl. Benfey, Glossar zur Chrestomathie 367, ferner A Sanscrit
English Dictionary 1125, wo an beiden Stellen bei *hrap* auf *hlap* ver-
wiesen wird, so dass dieses also auch im Sanskrit bereits gebräuchlicher
zu sein scheint. [2]) So nach Egilsson lexicon poeticum p. 245 auch in
Zusammensetzungen z. B. *gjâlfr-dýr* animal maris, navis, daher die
Schreibweise *gjâlpr* Fick 743 wohl Versehen ist. [3]) Vgl. Heyne Glossar
zum Heliand 197 und 202. [4]) Petersb. Wtb.

gr. $\lambda\varepsilon\ell\chi\omega$, lecken, $\lambda\iota\chi\alpha\nu\delta\varsigma$, Zeigefinger, $\lambda\iota\chi\mu\acute{\alpha}\omega$, lecken, lat. *linguo,* lecken, ohne Nasal noch in *ligurio,* Desiderativum: lecken, nach Etwas lüstern sein, lit. *liż us,* leckend, *lëż iù, lëz ti,* lecken, *laiż-an, laiz-ýti,* lecken, ksl. *liżą,* lecken, got. *bilaigon,* belecken, auch as. *likkôn,* ahd. *lecchôn,* ags. *liccian*[1])

25. Dieselbe Erscheinung zeigt sich bei den identischen Wurzeln *rip* und *lip. rip* ist wenigstens als Verbalwurzel nur im *RV.* belegt. Beachtenswerth ist dabei, dass, da diese ältere Form sich in manchen Ableitungen (auch in der spätern sskr. Literatur) noch hier und da findet, also entschieden genug noch dem *lip* gegenüber auftritt, sogleich wieder eine kleine Bedeutungsdifferenz hervortritt, *rip* hat nämlich ausser der Bedeutung beschmieren nur für sich schon im *RV.* die Bedeutung „betrügen". Jedenfalls ist es vor der Sprachtrennung durch *lip* schon völlig verdrängt, das mit *ni* schon im *RV.* und *AV.* auftritt und in der Bedeutung beschmieren, besudeln, sowohl wie auch in der speciellen „salben" sich im Sanskrit und den europäischen Sprachen wiederfindet.

ved. *rip,* kleben, betrügen, *apiripta,* verklebt, erblindet, *rip* f. Betrug (nur *RV.*) *ripu,* betrügerisch, Feind, *ripra,* Schmutz, auch uneigentlich, *repas* n. Fleck, Schmutz.

sskr. *lip limpati,* beschmieren, besudeln [mit *ni* im *RV.* und *AV.*][2]) *lepas lepanam,* Salbe, gr. $\alpha\lambda\varepsilon\ell\varphi\omega$, $\ddot{\alpha}\lambda\varepsilon\iota\varphi\alpha\varrho$, Salbe, $\lambda\ell\pi\alpha$, fett, $\lambda\iota\pi\alpha\varrho\acute{o}\varsigma$, fett, $\lambda\iota\pi\alpha\varrho\acute{\eta}\varsigma$, beharrlich, $\lambda\iota\pi\alpha\varrho\acute{\varepsilon}\omega$, halte fest, flehe, lat. *lippus,* triefäugig, ksl. *lĕp-iti,* zusammenleimen, *lĕp-ŭ,* Vogelleim, lit. *limpù, lipti,* kleben, *lipus,* klebrig, *lip-an, lip-yti,* trans. kleben, bekleben, got. **leiban, laif,* kleben, haften in *bileiban,* bleiben, *laiba,* Ueberbleibsel.[3])

Belege zu Nr. 23. 24. 25. im Altbaktrischen aufzufinden, ist mir nicht gelungen.

26. Ein viertes Beispiel der beinahe völligen Verdrängung einer *r*-Wurzel durch die jüngere mit *l* schon in der Grund-

---

[1]) Vgl. Heyne Glossar. zum Heliand. p. 250 und Fick p. 169. Die tenuis der letzteren germ. Wörter ist vollkommen berechtigt, da dieselben Intensiva sind. Vgl. Gerland, Intensiva und Iterativa, insbes. p. 2. [2]) Vgl. das Petersb. Wtb., wo die Belege für *lip* ergänzt werden können. [3]) Fick p. 169. Curtius 250.

sprache, weil beide identisch sind, giebt *skal* neben *skar*.
Letzteres scheint sich diesmal nur im Griechischen erhalten
zu haben, im Sanskrit ist es bis jetzt wohl nicht nachgewiesen,[1]) die altbaktrischen Formen, bei Justi, welche lautlich hier-
herpassen, weichen in der Bedeutung völlig von den unten
zu vergleichenden Formen ab. Zunächst ist altb. *çkar*[2]) in
der Bedeutung springen unbelegt, die Nominalformen, welche
Justi als davon abgeleitet bezeichnet, weisen nur auf die Bedeutung abrunden hin und können daher, wenn sich beide
Bedeutungen vermitteln lassen, nicht das grundsprachliche
skar springen, erweisen. Demnach kann *çkarena*, rund, nicht
hierhergehören, *çkairya*, das Justi als „Lagerplatz der Pferde“,
Fick durch „Wälzplatz der Pferde“ übersetzt, erklärt sich am
einfachsten aus der Bedeutung „abgesteckter (abgerundeter)
Platz“, *çkârayaṭratha*, „den Wagen springen machend“, wie
Fick übersetzt, ist Eigenname und zum Beweise daher nicht
geeignet. So bleiben noch übrig sskr. *khara*, Esel = altb.
khara, Esel, die Justi[3]) und Fick[4]) wohl mit Unrecht von *skar*,
springen, ableiten, das im Sanskrit gar nicht nachgewiesen
ist. Mir scheint es richtiger, die Bedeutung Esel aus der
Bedeutung rauh abzuleiten, so dass der Esel nach seiner
rauhen Stimme benannt wäre.[5]) Dazu stimmt die Bezeichnung verschiedener Vögel, Meeradler, Reiher, Krähe, ebenfalls nach ihrer rauhen Stimme durch *khara*, und dieses ist
nach seiner ursprünglichen Bedeutung zu *skar*, schneiden, zu
stellen.[6]) Bezeugt ist *skar*, springen, demnach nur durch gr.
σκαίρω ἀσκαίρω, springe, σκιρτάω, hüpfe. *skal* dagegen wird
durch folgende Formen als grundsprachlich erwiesen:
sskr. *skhal*, sich hin und her bewegen, schwanken, wanken,
skhal-ana n. Wanken, Straucheln; *skhalita*, Straucheln,
Fallen, Sündigen. Hierher gehört unzweifelhaft das
um *s* verkürzte *khal*, wackeln[7]) und die Ableitungen
davon in der Bedeutung wanken machen, d. i. be-

[1]) Benfey A Sanscrit English Dictionary p. 1067 hat nur skhal
und zwar durch zahlreiche Beispiele belegt, vgl. auch Glossar. zur
Chrestomathie. [2]) Justi 297, Fick 203. [3]) p. 90. [4]) p. 324. [5]) So das
Petersburger Wtb. Vgl. auch *räs-abha* Esel von *ras* schreien. [6]) Mit
Fick 204. [7]) Nirukta 3, 10, siehe das Petersb. Wtb.

trügen und schlecht sein, also *khala,* böser Mensch, *khalakhalây,* Schelmenstreiche machen, *khalîkar,* Jemanden zum Schelm machen, beschimpfen[1]). Sicher gehören noch hierher gr. *σκέλος,* Schenkel aus der Bedeutung sich bewegen, ferner aus der Bedeutung wanken im übertragenen Sinne lat. *scelus.* Dagegen heisst *σκαληνός* nicht hinkend, auch nicht springend,[2]) sondern uneben, schief, krumm. und kann nebst *σκολιός,* krumm sich windend, metaphorisch „verschlagen falsch“, *σκώληξ,* Wurm, kaum unmittelbar zu *skal* gehören, muss aber verwandt sein wie oben altb. *çkar.*

27. Dass die Wurzeln *rab* und *lab* (*ramb lamb*) gleichbedeutend sind, lässt sich nicht leugnen, gerade *lamb* ist aber im Sanskrit und den europäischen Sprachen so viel besser bezeugt, als *ramb,* dass es unbedingt als grundsprachlich anzusetzen ist, und dazu kommt, dass die Bedeutung fallen, welche in Europa nur *lamb* (*lab*) zukommt, auch im Sanskrit an dieser Wurzel hervortritt.

rab ramb.	*lab lamb.*
sskr. *ramb - ate*[3]) schlaff herabhängen.	ssk. *lamb - ate,* niederhangen, herabsinken, sich senken.
lit. *ramb-ùs,* träge.	
rambokas, schwerfällig, träge.	*lambita,* abgefallen.
rumb-as, Saum.	lat. *lâb-or,* gleiten, fallen.
Gehört hierher	*lâb-es,*Fall,Unglück,Fleck
an. *ripti* n.? Frauengewand,[4]) eine Art Hemd.	(eigentl. u. bildl.)
	gr. *λώβη,* Schande.
ags. *rift ryft* linteum pallium.	lat. *limbus,* Saum.
ahd. in *pein-refta,* Hosen.	ags. *limpan,* zufallen, von Statten gehen.[5])

---

[1]) Petersburger Wtb. im Nachtrag, 5ter Band. [2]) Wie Curtius 348 bemerkt, irrig ist jene Bedeutung bei Fick wieder angeführt (p. 203.) [3]) Nur im *RV,* siehe das Petersb. Wtb. [4]) Fick leitet dieses sowie die übrigen germanischen Worte von *rib* nähen ab, aus der Bedeutung herabhängen scheinen sie sich besser zu erklären. Die Bedeutung Frauengewand giebt Moebius Altnord. Glossar 348, Fick 845 hat „Trauergewand“. [5]) Siehe die Zusammenstellung bei Fick 165, vgl.

vgl. an. *lapa adha,* hängen,
leppr, Haarlocke.
as. *leppan* languefacere.
Die Entsprechungen sowohl zu *rab* als zu *lab* fehlen im Altbaktrischen.

28. Von den beiden der Bedeutung nach für die älteste Zeit wohl nicht zu unterscheidenden Wurzeln *sar* und *sal* ist jenes nur im Sanskrit gut bezeugt, die griechischen Wörter ὁρμή, Eile, Andrang, ὅρμος, Rhede, Ankerplatz könnten auch von einer Wurzel *var* abgeleitet sein. Jedenfalls ist grundsprachliches *sal* durch das Zeugniss des Sanskrit und der europäischen Sprachen unverdächtig.

sskr. *sar-ati,* gehen.
sisharti, fliessen.
sara, was geht, gehend,
m. Salz.
sarma, das Gehen.
saras, Lotusteich.
sarasa, feucht.
sarit, Fluss; Faden.[1]
gr. ὁρμή, Eile, Andrang.
ὅρμος m. Rhede, Anker-
platz.[2]

sal-ati, gehen.[3]
sal-ila, Waser.
gr. ἄλλομαι, springen.
ἅλμα, Sprung.
lat. *sal-io,* springen.
salt-are, tanzen.
lit. *sel-ù sèlti,* kriechen.

sal heisst bei den Gräcoitalikern springen, tanzen, doch tritt die ursprünglichere Bedeutung der Bewegung überhaupt noch hervor in den Ausdrücken ἄλλεται ὀφθαλμός, das Auge zuckt, ἄελλα καθαλλομένη [4]), in lat. *con-sul-ere,* zusammen-gehen,[5] die Bedeutung tanzen dagegen noch in *praesul,* Vor-tänzer der Salier.[6]

853. Bemerkenswerth ist bei den eben behandelten Wurzeln, dass sie zu den wenigen gehören, welche die Existenz eines grundsprachlichen b beweisen. Sollte sich die Zugehörigkeit der bei *rab* erwähnten alt-nordischen Formen bestätigen, so wäre wie bei *lab* durch ags. *limpan* ein weiterer Beweis für das grundsprachliche b dieser Wurzel vorhan-den. [1]) Siehe Fick 195, Benfey Glossar zur Chrestomathie. [2]) Hierher stellt Corssen krit. Nachträge den Flussnamen Sarnus „der fliessende" (?) p. 283. [3]) Unbelegt Benfey Sanskrit English Dictionary p. 1026. [4]) Curtius Griech. Et. 500. [5]) Corssen Krit. Nachträge p. 283. [6]) Cors-sen a. a. O. 282.

Bei der ursprünglichen Bedeutungsgleichheit der beiden Wurzeln ist die Wurzel *sar* auch im Altbaktrischen *har*, gehen, erhalten, grundsprachliches *sal* bleibt natürlich unangefochten.

29 Hier muss weiter als indogermanisch aufgeführt werden *stala*, Ort, mit suffixalem *l*, wegen des davon abgeleiteten *stal* feststehen. Fick identificirt *stala* mit *stara*, fest[1]); aber trotz ursprünglicher Bedeutungsgleichheit ist auch hier die Differenzirung der liquidae Veranlassung zu begrifflicher Trennung geworden. Man vergleiche folgende Formen:

stara.

sskr. *sthirá*[2]), fest.

gr. στερεός, starr.

στερρός, fest, massiv.

lit. *styr-iu*, werde starr.

stor-as, dick, stark, schwer.

mhd. *star*, starr.

ksl. *starŭ*, alt,

d. h. altersstarr (Fick)

vgl. *staricĭ*, Greis.

ags. *starian*, anstarren.

stala.

sskr. *sthala* n. Ort.

sthalā, Stelle.

gr. στάλη, Schatzkammer, ταμεῖον κτηνῶν.

στάλιξ, Stellholz.

lat. *stlo cus, locus*.

ags. *stall, steall*, Stelle, Stall. *stäl* m. Stelle, Ort.[3])

an. *stallr g. stalls*, Erhebung, Postament für Götterbilder, Stall.

ahd. *stal* mhd. *stal* m. Stelle, Ort, Raum n. Gestell, Stütze.

Von *stala* Ort ist nun abgeleitet indogerm. *stal*, feststehen, causale, stellen.

sskr. *sthalati*, feststehen, gr. στέλλω für στελjω, stellen, bestellen. Hierher, nicht direkt zu *stā*, gehört griech. στήλη wegen äol. στάλλα;[4]) altpreuss. *stalle*, er steht; lit. *stel-ûti*, bestellen, vielleicht entlehnt?[5]) as. *stellian*, ags. *stellan*, ahd. *stalljan*[6]), eine Stelle geben, setzen.

Stellen = zum Stehen = zur Ruhe bringen, daher hierher das germanische „stillen":

an. *stilla,* stillen, mässigen, zur Ruhe bringen; anstellen, veranstalten, as. *stillian,* ags. *gestillan,* ruhig machen, stillen, as. *stillôn*[1]), ruhig werden == ahd. *stillôn;* ahd. *stillan,* mhd. *stillen,* stillen, ahd. *stilli,* leise.

Diese Zusammenstellung ermöglicht es, gegen Curtius und Fick[2]), die lautlich und der Bedeutung nach nicht zu einander stimmenden Wörter gr. *στέϱομαι,* bin beraubt, got. *stilan,* stehlen u. s. w. von einander zu trennen und, wie mir scheint, eine überzeugendere Herleitung beider zu geben. Die griechischen Wörter gehen von dem Begriff des Mangels aus, wie er sich entwickelt aus dem oben erwähnten *stara,* fest, starr und weiter *star,* unfruchtbar, besitzlos sein in sskr. *starî,* unfruchtbare Kuh, gr. *στεῖϱα,* dass., *στέϱιφος,* starr, unfruchtbar, lat. *sterilis,* unfruchtbar, *sterilis manus,* leere Hand (Plautus) *steriles nummi,* keine Zinsen tragend, got. *stair-on,* Unfruchtbare u. s. w.[3]) während das Germanische *stilan* von dem Begriff heimlichthun (vergleiche „verstohlen" == leise und gr. *κλέπτω* stehle, von *kal,* hehlen) herzuleiten ist, wie as. *stillôn,* ahd. *stillên,* ruhig sein. Demnach gehören die germanischen Wörter für „stehlen" zu Wurzel indog. *stal,* dagegen griech. *στέϱομαι,* bin beraubt, *στεϱέω στεϱίσκω,* beraube, müssen als Denominativa zu *stara,* starr, ohne Ertrag, besitzlos gestellt werden. Andere Modificationen des Begriffes starr sein zeigen sich in den Ausdrücken für Steuer lit. *stýras,* mhd. *stiure,* für sterben in ahd. *stir-b-u.*

30. Für das als grundsprachlich anzusetzende *lubh* ist bis jetzt kein ursprünglicheres *rubh* nachgewiesen. Fick[4]) macht auf die nahe Berührung der Bedeutungen von *lubh* mit *rup* und *lup* aufmerksam. Letzteres, das in der Bedeutung zerbrechen, beschädigen schon vedisch ist, heisst im Intensiv verwirren *lolupyate,* wovon das adj. *lolupa,* gierig, begehrlich, wie Fick bemerkt, durch die vermittelnde Bedeutung mit verwirrtem Affekt begehren abgeleitet sein muss. Bedeutungsgleich mit *lolupa* ist *lolubha* vom Intensivum *lolubhya,* das im Petersburger Wörterbuch im Particip *lolubhyamāna* in der Bedeutung heftiges Verlangen habend angeführt wird. Aber

---

[1]) Fick 908 und Heyne a. a. O.   [2]) Curtius 201, Fick 410.   [3]) vgl. Fick 211.   [4]) Fick p. 175 und 942.

alle Berührungen zwischen *rup lup* und *lubh* können, da man
unmöglich *lolupa* aus *lolubha* entstanden denken kann[1]), nur
beweisen, dass verschiedene Wurzeldeterminative ohne merk-
liche Bedeutungsverschiedenheiten an dieselben Grundformen
treten können, wofür im Fickschen Wörterbuch Analogien genug zu finden sind.[2]) Mir scheint es am richtigsten, bei dem
von Fick eingeschlagenen und auch in dieser Untersuchung
befolgten Verfahren, für jede Wurzel mit *l* eine ältere mit *r*
vorauszusetzen, consequenter Weise zu bleiben, da es sich bis
jetzt überall bewährt hat. Wie es aber schon oben mehrfach
begegnete, dass Wurzeln mit *r* durch eine gleichbedeutende
mit *l* schon in der Grundsprache fast ganz verdrängt sind[3]),
während bei dem Verbleiben beider Formen neben einander
stets kleine Bedeutungsmodificationen eintreten, so müssen
wir auch hier zugeben, dass das als älter anzunehmende *rubh*
von *lubh* schon in der Grundsprache verdrängt wurde, was
nur zur Bekräftigung der Annahme jenes hohen Alters von
lubh dienen kann.

Folgendes gehört hierher[4]):

sskr. *lubh-ati lubhyati*, irre werden, heftiges Verlangen em-
pfinden, *lubdha*, gierig, caus. *lobhaya*, in Unordnung
bringen, Jemandes Verlangen erregen, locken; *lobha*,
Gier, *sam-lobhaya* (vedisch) verwischen. Curtius zieht
hierher aus dem Griechischen λίψ· ἐπιϑυμία, Hesych.
λίπτομαι, trachte, begehre, als deren Stamm er λιφ
voraussetzt[5]), das vielleicht aus dem dunkeln Hesychi-
schen λιφερνοῦντες· ἐν συνδένδρῳ τόπῳ προςφιλῶς
διάγοντες, zu erschliessen ist. Lat. *lubet, lubido*, ksl.
ljubŭ, lieb u. s. w. got. *liubs*, lieb, as. *liof*, ags. *leóf*,
ahd. *liop*, lieb, got. *galaubs*, kostbar, *ga-laubjan*, glauben u. s. w.

Auch zu den beiden zuletzt behandelten Wurzeln findet
sich nichts im Altbaktrischen, das dem grundsprachlichen *l*

---

[1]) Wie das Petersburger Wtb. annimmt. [2]) Man vergleiche das gut
belegte *rap* und *rabh* tönen, *mard* und *mardh* weich werden u. A. bei
Fick. [3]) Vgl. oben Nr. 23, 24, 25, 26. [4]) Siehe die ausführlichen Belege bei Fick p. 175, hier ist das zum Beweise des grundspr. *l* Noth-
wendige gegeben. [5]) Curtius Gr. Et. p. 343.

widerspräche. Dem sskr. *rup lup* vergleicht sich altb. *rup*, rauben, zu *lubh* findet sich keine Entsprechung. Dem grundsprachlichen *stala* ist das Altbaktrische ausgewichen durch die Bildung *çtâna*, Ort, Stelle[1]) wie sskr. *sthâna*. Fick führt noch altb. *rathaeçtar* „auf dem Wagen stehend" an, das zu den Bildungen auf *ra* (*stara*) gehören würde.[2])

31. Kein Grund ist ferner vorhanden, an der bereits grundsprachlichen Existenz von *ul* heulen und des schallnachahmenden *lal* zu zweifeln, für ersteres finden sich folgende Belege:

sskr. *ululi*, heulend, Geheul (vedisch) gr. *ὑλάω*, heule, belle, *ὀλολύγη*, Geheul, *ὀλολύζω*, heule, *ὀλολυγών*, Geschrei der Frösche, *ὀλολυγαία*, Beiwort der Nachteule[3]), vgl. hierzu sskr. *ulūka* m. Eule, Kauz, lat. *ulucus* m. Eule, Kauz, ferner sskr. *ulūlu*, heulend, gr. *ὄλολυς*, aufschreiend, heulend, lat. *ulula*, Kauz, *ululare*, lit. *ul-ûju*, *ulŭti*. heulen, an. *ýla*, heulen.[4])

Dass die Wurzel mit *ru* zusammenhängt,[5]) ist nicht zu bezweifeln. Aber ihre ganz verschiedene und auf beiden Seiten gut bezeugte Form trennt sie von jenem, und zu beachten ist ferner in begrifflicher Hinsicht die Anwendung von *ul* auf das Geschrei der Eule und zur Bezeichnung dieses Thieres in Asien und Europa, die sich bei *ru* nicht findet.[6])

---

[1]) Vgl. Nr. 14 am Schlusse, p. 46 Note 5.   [2]) Wahrscheinlich hat jedoch das *r* in diesem Worte mit dem der Bildungen auf *ra* gar nichts zu thun. Dasselbe war ursprünglich weiter nichts als ein Compositum aus dem loc. von *ratha* und dem Verbum *stä* stehen. So erscheint es noch im vedischen Sanskrit z. B. nom *ratheshthâh* ṚV 1,173, 4. 5; nach Analogie der Themen auf ă behandelt *ṚV* 2, 17, 3 *ratheshthena*, RV 8, 4, 13 *ratheshthâya*. Dem nom. *ratheshthâh* entspricht die altb. nom. *rathaêstâo* Justi 253 und das *r* der übrigen casus muss erst durch die Analogie der Stämme auf *tar* später eingedrungen sein, wie vielleicht auch beim sskr. *savyeshthr̥*, das von den indischen Grammatikern als Weiterbildung aus einem Compositum mit *sthâ* durch *r* bezeichnet wird. Vgl. Benfey Vollst. Gr. p. 159. Themen auf *ta* und *tar* stehen besonders im Altb. mehrfach neben einander so *beretar* Träger = *bereta* Justi 218, *dâtar*, Schöpfer = *dâta* 154.   [3]) Vgl. Curtius 346, auch über die doppelte Dissimilation der Vocale im Griechischen.   [4]) Fick p. 25.   [5]) Fick 940.   [6]) Sskr. *ruta* heisst ganz allgemein Geschrei der Vögel. Vgl. Fick 170.

— 70 —

Altbaktrisch *ru* heisst rufen, erklären, eröffnen. Irgend
eine Form, welche indog. *ul* entspräche findet sich nicht.
Zu Wurzel *lal* gehören
sskr. *lalalla* onomotop. vom Laute eines Lallenden (vgl. damit aber *lalana* eigentl. spielend, schillernd von *lal*,
tändeln, spielen, n. das Hinundhergehen, Spielen der
Zunge, *lalanā*, Zunge (?), gr. λάλος, lallend, schwatzend,
λαλέω, schwatzen, λάλλαι f. murmelnde Bachkiesel,
und hiervon weiter abgeleitet λάλαγες, Schwätzer,
eine Art Frösche, λαλαγή, Geschwätz, λαλαγέω,
schwatzen; lat, *lallus, lallum*, Lallen, *lallo*, lalla singen, trällern von der Amme, lit. *lal-óti*, lallen.[1])

Diese Wurzel mag aus *ra*, tönen, entstanden sein,[2]) ist
aber schon grundsprachlich davon getrennt, und auffallend
wäre es doch, wenn hier wieder europäische und asiatische
Sprachen unabhängig von einander gerade die jüngere Wurzel
in derselben Weise zum Ausdruck des lallenden Tones verwendet hätten.

Im Altb. fehlen die Entsprechungen zu *lal*.

32) Endlich bleiben noch übrig einige Fäile, in welchen,
wie auch oben schon mehrfach bemerkt ist, Nominalbildungen
von Wurzeln mit *r* statt dessen *l* haben und zwar ohne damit verbundene begriffliche Verschiedenheit aber doch in so
auffallend übereinstimmender Weise in den verschiedenen
Sprachen, dass diese Bildungen schon in der Grundsprache *l*
gehabt haben müssen. So sind von *kar* (eigentlich *skar*) beschütten abgeleitet mit *l* die Bezeichnungen für Becher[3]) für
Farbe, Schwärze, Schmutz[4]), während z. B. grdsp. *karsna*
schwarz[5]) übereinstimmend in verschiedenen Sprachen das *r*
bewahrt hat. Auf *kar* machen wird zurückzuführen sein
kalya heil trefflich[6]), auf *skar* scheeren *kalva* kahl, das nicht
blos aus dem Sanskrit und Lateinischen zu belegen ist.[7])

---

[1]) Fick p. 175. [2]) Nach Fick p. 942. [3]) Fick 39. [4]) Fick 39
unter kalana, wozu die allgemeine Bezeichnung der Farbe durch „color"
kommt, ferner mit erhaltenem s nach Curtius 141 lat. squalor squalidus
[5]) Fick 38. [6]) Fick 39. [7]) Fick 39 vgl. Grassmann Zs. 12, 108, wo
noch ags. *calo*, ahd. *chalo* verglichen sind.

Zu allen diesen gut bezeugten grundsprachlichen Bildungen fehlen die Entsprechungen im Altbaktrischen, obgleich die Wurzeln *kar* machen, *kar* bedecken, *kar* schneiden auch in Nominalbildungen dort vorliegen. Wie von *kar* bedecken, so sind auuh von *par* beschütten füllen, die Wörter für Spreu, Stroh, Staub[1]) für dunkle graue Farbe[2]), für Sumpf, Lehm u. s. w.[3]), für Becken, Geschirr[4]) abgeleitet mit *l* statt des *r* der Wurzel, aber übereinstimmend in den europäischen Sprachen und im Sanskrit, während in anderen Nominalbildungen von derselben Wurzel das *r* unverändert beibehalten ist.[5]) Auch zu allen diesen Wörtern fehlen die Entsprechungen im Altbaktrischen, während *par* füllen gut belegt ist.

33) Nach allem Vorhergegangenen möchte es doch zweifelhaft bleiben, ob in den Wörtern für den Begriff „viel" und für „Milz" bei ersterem auf das Zeugniss der arischen Sprachen hin, bei letzterem sogar nur nach der Aussage des Altbaktrischen für die Periode der Grundsprache vor der Trennung wirklich Formen mit *r* angesetzt werden dürfen. Dem sskr. *puru* altb. *pouru* und *paru* altpers. *paru* tritt sogar in *pulukâma*, viel begehrend, *RV.* 1, 179, 5 (vgl. Nirukta 6, 4) ein schon vedisches *l* entgegen, altb. *çpereza* steht völlig vereinzelt allen übrigen Sprachen mit *l* gegenüber.[6]) Mir scheint es desshalb einleuchtender, für die Periode vor der Sprachtrennung *palu* und *splaghan* anzusetzen und in *paru* einen Uebergang von *l* in *r*, der sich aus der Abneigung des ältsten Sanskrit und des Altbaktrischen gegen das *l* genügend erklärt, anzunehmen, ebenso in *çpereza*, wo nur das Altbaktrische in Frage kommt.

Fassen wir nun die Ergebnisse der vorliegenden Untersuchung zusammen, so glaube ich, selbst wenn ich Einiges übersehen oder nicht genau genug dargestellt haben sollte, folgende Thatsachen überzeugend genug erwiesen zu haben:

---

[1]) Fick 121, bei *palava* Spreu ist lat. *pulvis* zu vergleichen, sowie griech. πάλη vgl. Corssen Beitr. 319. [2]) Fick 121 unter *palita* und 531 unter *palva.* [3]) Fick 122. [4]) Fick 124 unter *pālavi.* [5]) Vgl. z. B. *parkat* bunt (sskr. prshant bunt u. s. w.), gr. προκάδ- buntes Wild. Fick p. 119. [6]) Vgl. die Zusammenstellung bei Fick p. 625.

1) In einer Reihe von Beispielen stimmt das Sanskrit in Bezug auf die Entwicklung des *l* mit den europäischen Sprachen überein, so dass jener Laut der indogermanischen Ursprache nicht abgesprochen werden kann.

2) Eine wichtige Unterstützung erhält die Annahme eines grundsprachlichen *l* für eine Reihe ganz bestimmter grundsprachllicher Wörter und Wurzeln durch die Beobachtung, dass das *l* in ihnen als Träger einer ganz bestimmten Bedeutungsmodification gegenüber ältern Formen mit *r* auftritt und also gerade in diesen Formen auch dem Volke, welches sich der Grundsprache bediente, als von dem *r* scharf geschiedener Laut zum Bewusstsein gekommen sein muss. In einigen Fällen stehen Ableitungen mit *l* neben einer Wurzel mit *r* ohne begriffliche Verschiedenheit; aber hier sind es entweder vollständige Wörter, welche in Asien und Europa wiederkehren, oder die Ableitungen mit *l* sind in so auffallender Weise ganz übereinstimmend auf beiden Seiten zur Bezeichnung gewisser Dinge gebraucht, während von denselben Wurzeln nur Formen mit *r* zur Bezeichnung anderer Gegenstände verwendet sind, dass auch hier kein Zweifel an der grundsprachlichen Existenz des *l* sein kann.[1]) Nur in äusserst wenigen Fällen hat sich das *l* nach der lautlichen Trennung vom *r* nicht auch begrifflich davon geschieden, aber hier zeigte sich, dass beide Laute als identisch wohl nach einander, aber nicht leicht nebeneinander existiren können, da in den meisten Fällen dieser Art schon in der Grundsprache der eine der beiden Laute vor dem andern, meist *r* vor dem jüngern *l*, merklich zurücktrat. — Es stellte sich zugleich heraus, dass für die europäischen Sprachen zweierlei *l* anzunehmen sind. Das eine ist bereits aus der Grundsprache mitgebracht, das andere existirte vor der Sprachtrennung als *r*, kann desshalb auch ohne Weiteres einem grundsprachlichen und arischen *r* völlig gleichgesetzt werden.[2]) Diese Thatsache ist äusserst wichtig, weil sich unten eine weitere Folgerung daraus ergeben wird.

---

[1]) Vgl. Nr. 14, 32. [2]) Vgl. *taras* = τέλος, *gocara* = βουκόλος, *varutram* = ἔλυτρον u. A.

3) Der Widerspruch des Altbaktrischen gegen das grundsprachliche *l* scheint mir völlig beseitigt durch das ziemlich
auffallende Fehlen der Formen mit grundsprachlich *l* in dieser
Sprache. Die Abneigung des Altbaktrischen gegen diesen
Laut wird um so merkwürdiger, da immer wo *r* und *l* begrifflich verschieden sind, das Altbaktrische die Bildungen mit
l ganz aufgegeben zu haben scheint,[1]) während die mit *r*
meist reichlich belegt sind, wo dagegen die Wurzeln mit *r*
und *l* nicht so schlagend getrennt sind, dass nicht die von
beiden gebildeten Formen bedeutungsähnlich werden könnten,
das Altbaktrische Entsprechungen genug bietet, die natürlich
dann jedesmal zu den Formen der Grundsprache auf *r* gestellt werden müssen.

Wie nun aber das Altpersische Einspruch gegen das
gundsprachliche *l* thun soll, ist unbegreiflich. In dem mässigen Lexicon Spiegels zu den persischen Keilschriften[2]) findet
sich eine verhältnissmässig nennenswerthe Anzahl von Wurzeln und Wörtern mit *r*. Zur Sicherheit will ich die wichtigsten Formen daraus hierherstellen:

Arbirâ, Arbela p. 185; *kar*, machen 192; *kâra*, der
Handelnde, 2) Heer, 3) Leute 193; *garb*, ergreifen 195;
Garmapada, Monatsname 195, *garma*, wohl = altb. *ga-
remu*, Wärme (Spiegel); *tar*, hinübergehen, überschreiten 198;
Thukhra N. pr. eines Persers = altb. *çukhra* 201; *dar*,
halten, besitzen, 2) sich aufhalten, 3) sich halten, aushalten
201; *darsam*, heftig, sehr 202; *d'ura*, fern, ssk. altb. *dûra* 203;
d'ur'uj, lügen, altb. *druj*, sskr. *druh* 203; *d'uvar*, machen,
vollbringen 204; *par'u*, viel 207; *parç*, fragen, 2) verhören,
bestrafen 208; *bar*, tragen 210; *Bâkhtri*, Baktrien 211,
altb. *Bâkhdhi; Bâbir'u*, Babylon 211; *mar*, sterben 212;
martiya, Mensch 213; *rad*, altb. *raz* (?) gerade, richtig sein;
raç, kommen, gelangen 215; *râçta*, gerade, richtig 215; *râd*,
das Denken, Beschliessen 215; *var*, verkünden 216.

Man sieht leicht, dass ausser den beiden Eigennamen
Arbirâ und *Bâbir'u* aus dem ganzen Verzeichnisse keine ein-

---

[1]) Vgl. über den Ersatz solcher Bildungen in einigen Fällen die
Note bei Nr. 14 am Schlusse p. 46, ferner p. 69. [2]) Spiegel Die altpers.
Keilinschriften Leipzig 1862.

zige Form mit *r* einer grundsprachlichen mit *l* entspricht,
über jene beiden Eigennamen weiss ich nichts zu sagen, als
dass z. B. Babylon im Hebräischen בָּבֶל wieder mit *l* auftritt
und dass jedenfalls Eigennamen hier ebensowenig Gewicht
haben wie anderswo, da jedes Volk sie nach seinen eignen
Lautneigungen umbildet, ja diese Wörter, bei denen doch
wohl Wandel des *l* zu *r* im Eranischen anzunehmen ist, dürften noch die Berechtigung der Annahme eines gleichen Ueberganges bei den unter Nr. 33 behandelten Wörtern erhöhen.

Zu den bis jetzt behandelten 3 Momenten, welche, wie
mir scheint, das grundsprachliche *l* ausser allem Zweifel
setzen, kommt aber noch ein viertes von der grössten Wich-
tigkeit. Untersuchen wir im Sanskrit diejenigen Wörter,
welche bis jetzt als Gemeingut der Indogermanen nachgewiesen sind, so finden wir eine sehr bedeutende Anzahl, in welchen alle Sprachen eine der beiden liquidae aufweisen und dar-
unter der bei weitem überwiegenden Mehrzahl mit *r* gegenüber
doch auch im Sanskrit eine bemerkenswerthe Anzahl mit *l*.
Es ist bereits erwähnt, dass die europäischen Sprachen ausser
dem aus der Grundsprache mitgebrachten *l* auf ihrem eignen
Sprachboden in sehr bedeutender Ausdehnung auch noch das
grundsprachliche *r* zu *l* umwandelten, während daneben in
einer immer noch beträchtlichen Anzahl von Fällen das alte
r erhalten blieb. Gehen wir noch einmal auf die durch diese
Arbeit bekämpfte Ansicht ein, das wegen der Uebereinstimmung des Sanskrit mit den europäischen Sprachen von mir
als grundsprachlich angenommene *l* wäre nach der Sprachtrennung unabhängig in diesen Sprachen entstanden. Darnach wäre es dem sogenannten Zufall zuzuschreiben, dass in
einer Reihe von Fällen die Umwandlung von *r* in *l* gerade
dieselben Wörter übereinstimmend im Sanskrit und den europäischen Sprachen getroffen hat. Selbst diese durch die oben
angestellte Untersuchung wohl hinreichend entkräftete Möglichkeit noch einmal zugegeben, müsste doch wenigstens e i n
Moment beigebracht werden, welches dieselbe stützen könnte.
Es mag Zufall sein, dass das Sanskrit in dem Wandel von *r*
zu *l* in einer Reihe von Fällen mit andern Sprachen zusam-
mentraf; aber es müsste, damit dies glaublich wird, wenig-

stens der Nachweis geliefert werden, dass unter den ziemlich zahlreichen Beispielen des sanskritischen *l* mindestens ein nennenswerther Bruchtheil auch einem europäischen und indogermanischen *r* gegenübersteht; denn es wäre doch eine zu übertriebene Zumuthung, dass wir glauben sollten, das Sanskrit hätte eine nach der Trennung auf seinem eignen Boden (und wohlbemerkt, nachdem auch die eranischen Sprachen von ihm getrennt und die Erinnerung an Europäer längst verschollen war) entstandene Neigung nicht blos übereinstimmend mit den europäischen Sprachen in vielen Wörtern hervortreten lassen, sondern sie noch obendrein ganz in denselben Grenzen gehalten wie jene. Aber für ein solches sanskritisches *l* gegenüber indogermanischem und europäischem *r* werden sich schwerlich überzeugende Beispiele finden lassen. Natürlich muss verlangt werden, dass in solchen Fällen die Zusammenstellung durch das Zeugniss mehrerer europäischer Sprachen wahrscheinlich gemacht werde, so gut wie das Zusammentreffen des Sanskrit mit einer europäischen Sprache in Bezug auf das *l* nicht immer als hinreichender Beweis für die grundsprachliche Existenz desselben anerkannt werden wird.

Von Beispielen der Gegenüberstellung eines sanskritischen *l* bei Bewahrung des *r* in einzelnen europäischen Sprachen lassen sich einige Beispiele finden. Ich habe folgende notirt:

sskr. *kamala,* Lotus.

gr. *κάμαρος,* Delphinium.

κόμαρος, Erdbeerbaum.

sskr. *kala,* stumm.

Nebenform *kanva* für *karnva.*

gr. *κάρος,* taubstumm.

skr. *kāla,* rechte Zeit.

gr. *κᾱρός* = *καιρός* (Hesych.).

skr. *balbalâ-kar,* stammelnd sprechen.

gr. *βάρβαρος.*[1])

Diese Beispiele lassen sich vermehren, aber sskr. *l* gegenüber allgemein europäischem *r* habe ich in keinem einzigen Beispiele gefunden.

Da demnach das Sanskrit nur da *l* zu haben scheint, wo

---

¹) sskr. *barbara.* 1) stammelnd. 2) pl. Bezeichnung nicht arischer

dasselbe durch die Uebereinstimmung der europäischen Sprachen als grundsprachlich erwiesen wird, so scheint mir die
unabhängige Entstehung dieses Lautes in dieser und den europäischen Sprachen undenkbar.

Ich habe in der Einleitung gesagt, dass, wenn der Beweis geliefert werde, dass das l kein grundsprachlicher Laut
sei, die Trennung der Europäer von den Ariern durch die
jenen eigenthümliche Entwicklung jenes Lautes sehr schlagend
bewiesen sei. Hier möchte ich jedoch einer anderen Auffassung, welche sich mir im Laufe der Untersuchung aufge-
drängt hat, einige Worte widmen. Wie oben bemerkt, haben
die europäischen Sprachen ausser dem von der Grundsprache
überlieferten l auf ihrem eignen Sprachboden ein zweites $l =$
grundspr. r entwickelt, das Sanskrit dagegen abgesehen von
dem nicht als gemeinsam indogermanisch nachweisbaren und
in spätester Zeit durch kaum zu ermittelnde Einflüsse berührten Material, nur das grundsprachliche l behalten, die Weiter-
entwicklung dieses Lauts besonders zur Zeit der Vedensprache
sogar sichtlich gehemmt und wo es irgend anging selbst dem
grundsprachlichen l das r, wo es noch erhalten war, vorge-
zogen. Mir scheint diese Beobachtung ein besseres Moment
zur Trennung der Arier und Europäer abzugeben, als das
Leugnen des grundsprachlichen l. Ist das l nach der Sprachtrennung entstanden, so treffen das Sanskrit und die europäischen Sprachen in seltsamer Weise in einem eigenthümlichen
Lautwandel zusammen; ist das l dagegen grundsprachlich, so
können die Einzelsprachen für das, was sie daraus mitgebracht
haben, nicht verantwortlich gemacht werden, dieses alte l ist
eine Eigenthümlichkeit der Grundsprache, nicht der Einzelsprachen. Unterscheidend wird dagegen das jüngere l, welches die europäischen Sprachen eben sehr unter einander verbindet, als es sie von den Ariern trennt. Dass dieses l im
Sanskrit fehlt, dagegen z. B. in den slawischen Sprachen reich
entwickelt ist, scheint mir letztere am schlagendsten von den
Ariern zu trennen.

Völker, also $= \beta\acute{\alpha}\varrho\beta\alpha\varrho o\iota$ (Petersb. Wtb. im Nachtrag Bd. 5) soll aus dem
Griechischen entlehnt sein Fick 132.

Verzeichniss der behandelten Wurzeln.

www.ingramcontent.com/pod-product-compliance
Lightning Source LLC
Chambersburg PA
CBHW031453270326
41930CB00007B/986